Haftung für unrichtige Angebotsunterlagen gemäß § 12 WpÜG

Europäische Hochschulschriften

Publications Universitaires Européennes
European University Studies

Reihe II
Rechtswissenschaft

Série II Series II
Droit
Law

Bd./Vol. 3944

PETER LANG
Frankfurt am Main · Berlin · Bern · Bruxelles · New York · Oxford · Wien

Uwe Paul

Haftung für unrichtige Angebotsunterlagen gemäß § 12 WpÜG

PETER LANG
Europäischer Verlag der Wissenschaften

Bibliografische Information Der Deutschen Bibliothek
Die Deutsche Bibliothek verzeichnet diese Publikation in der Deutschen Nationalbibliografie; detaillierte bibliografische Daten sind im Internet über <http://dnb.ddb.de> abrufbar.

Zugl.: Jena, Univ., Diss., 2003

27
ISSN 0531-7312
ISBN 3-631-52716-0

www.peterlang.de

Vorwort

Bei der vorliegenden Arbeit handelt es sich um eine leicht überarbeitete und aktualisierte Fassung der Dissertation des Autors, die im Jahre 2002 der Friedrich-Schiller-Universität Jena vorgelegt wurde. Die Annahme der Arbeit datiert vom September 2002. Die Disputation fand am 17. Juli 2003 statt.

An dieser Stelle danke ich besonders zum einen meinem Doktorvater, Herrn Prof. Dr. Hirte, der mir die Möglichkeit zur Promotion gab, und zum anderen meiner Familie, die mir das Studium ermöglicht und so die Voraussetzung für die Vorlage dieser Arbeit erst geschaffen hat.

Erkrath, im Februar 2004 Uwe Paul

Inhaltsverzeichnis

I. Einleitung

Ein Ziel der 1998 gewählten Bundesregierung unter Bundeskanzler Gerhard Schröder war es, den Wirtschaftsstandort Deutschland nachhaltig zu modernisieren, um so die Rahmenbedingungen für Investitionen und die Schaffung neuer Arbeitsplätze zu schaffen.[1] Zur Verwirklichung dieses Vorhabens wurden eine Reihe von gesetzgeberischen Maßnahmen ergriffen.

So wurden eine Vielzahl von Vorschriften aus dem allgemeinen Zivilrecht neugefasst. Hervorzuheben ist insoweit sicherlich das Schuldrechtsmodernisierungsgesetz vom 26.11.2001[2], aber auch andere Gesetze passten das bis dahin geltende allgemeine Zivilrecht, das zum Teil noch aus dem Zeitraum Ende 19. / Anfang 20. Jahrhundert stammte, den erheblich gewandelten Lebensverhältnissen an und orientierten sich hierbei an den heutigen Bedürfnissen des Rechtsverkehrs.[3] Daneben erfuhren zahlreiche arbeitsrechtliche Vorschriften Änderungen,[4] gleichzeitig wurden im Bereich des Wirtschaftsrechts viele Gesetze novelliert, um sie so ebenfalls den geänderten wirtschaftlichen Verhältnissen anzupassen.[5] Andere – nicht mehr zeitgemäße – Gesetze wurden gänzlich abgeschafft.[6]

Einen weiteren Bestandteil der Gesamtstrategie, den Wirtschaftsstandort Deutschland durch die Verbesserung der Rahmenbedingungen nachhaltig zu modernisieren, bildet das „Gesetz zur Regelung von öffentlichen Angeboten zum Erwerb von Wertpapieren und von Unternehmensübernahmen“ vom 20.12.2001[7]. Mit diesem ur-

---

[1] Vgl. Koalitionsvereinbarung zwischen der Sozialdemokratischen Partei Deutschlands und Bündnis 90 / Die Grünen vom 20. Oktober 1998: „Aufbruch und Erneuerung – Deutschlands Weg ins 21. Jahrhundert“ unter Ziffer I 1. „Ziele und Grundsätze der Wirtschafts- und Finanzpolitik“.

[2] BGBl. I S. 3138 ff.

[3] Z.B. „Überweisungsgesetz“ vom 21.7.1999 (BGBl. I S. 1642); „Gesetz zur Beschleunigung fälliger Zahlungen“ vom 30.3.2000 (BGBl. I S. 330; hierzu Hadaschik, ZPP 2000, 63 ff.) und „Gesetz über Fernabsatzverträge und andere Fragen des Verbraucherrechts“ vom 27.6.2000 (BGBl. I S. 897 und S. 1139).

[4] Z.B. durch das „Gesetz zu Korrekturen in der Sozialversicherung und zur Sicherung der Arbeitnehmerrechte“ vom 19.12.1998 (BGBl. I S. 3843), das „Gesetz über Teilzeitarbeit und befristete Arbeitsverträge und zur Änderung und Aufhebung arbeitsrechtlicher Bestimmungen“ vom 21.12.2000 (BGBl. I S. 1966; hierzu Beckschulze, DB 2000, 2598 ff.; Däubler, ZIP 2001, 217 ff.; Kleinsorge, MDR 2001, 181 ff.; Kliemt, NZA 2001, 63 ff.; Lakies, DZWir 2001, 1 ff.; Lindemann/Simon, BB 2001, 146 ff.; Preis/Gotthard, DB 2001, 145 ff.; dieselben, DB 2000, 2065 ff.; Schiefer, DB 2000, 2118 ff.; Schlosser, BB 2001, 411 ff.); das „Dritte Gesetz zur Änderung des Bundeserziehungsgeldgesetzes“ vom 12.10.2000 (BGBl. I S. 1426; hierzu Gaul/Wisskirchen, BB 2000, 2466 ff.; Lassmann, DB 2001, 94 ff.; Peters-Lange/Rolfs, NZA 2000, 682 ff.; Sowka, BB 2000, 935 ff.; ders., NZA 2000, 1185 ff.; Strick, ZAP 2000, 1137 ff.).

[5] Z.B. „Gesetz zur Umsetzung der Änderungen der Bilanz- und Konzernbilanzrichtlinie“ vom 24.2.2000 (BGBl. I S. 154); „Gesetz zur Namensaktie und zur Erleichterung der Stimmrechtsausübung“ vom 24.1.2001 (BGBl. I S. 123; hierzu Goedecke, BB 2001, 369 ff.; Grumann/Soehlke, DB 2001, 576 ff.; Noack, ZIP 2001, 57 ff.; Priester, DB 2001, 27 ff.; Seibert, ZIP 2001, 53 ff.); „Gesetz zur vergleichenden Werbung und zur Änderung wettbewerbsrechtlicher Vorschriften“ vom 1.9.2000. (BGBl. I S. 1374).

[6] Aufhebung des „Gesetzes über Preisnachlässe (Rabattgesetz)“ vom 25.11.1933 (RGBl. I S. 1011) und der „Zugabeverordnung in Deutschland (ZugabeVO)“ vom 9.3.1932 (RGBl. I S. 121) durch das Gesetz zur Aufhebung des Rabattgesetzes und zur Anpassung anderer Rechtsvorschriften (BGBl. I S. 1663); dazu Heil/Dübbers, ZRP 2001, 207 ff.; Kretschmer, GRUR 2001, 116 ff.; Meyer, GRUR 2001, 98 ff.; Ultsch, WM 1999, 2535 ff.

[7] BGBl. I S. 3822 ff.

sprünglich als (bloßes) Übernahmegesetz, d.h. mit einem gegenüber dem Wertpapiererwerbs- und Übernahmegesetz eingeschränkten Anwendungsbereich, geplanten Gesetz sollte insbesondere den nicht nur weltweit, sondern auch in Deutschland ständig zunehmenden Unternehmensübernahmen Rechnung getragen werden.[8] Während z. B im Jahr 1997 lediglich 15 freiwillige öffentliche Übernahmeangebote registriert wurden, stieg deren Zahl bereits im Jahr 1999 auf 32 Fälle an. Im Jahr 2000 wurden 38 freiwillige Übernahmeangebote registriert,[9] wobei zahlreiche dieser Übernahmeverfahren von einem gewaltigen Medienecho begleitet wurden. Erinnert sei nur an Krupp-Hoesch/Thyssen und vor allem Vodafone AirTouch/Mannesmann[10] sowie INA/FAG Kugelfischer[11].

Vor diesem Hintergrund war es aus Sicht der Bundesregierung erforderlich, einen verlässlichen Rahmen für die unmittelbar an einer Unternehmensübernahme Beteiligten und für die Akteure an den Finanzmärkten bereitzustellen. Dieser sollte ein faires und transparentes Übernahmeverfahren gewährleisten sowie eine Überregulierung und eine Verlangsamung des Strukturwandels durch eine einseitige Erschwerung von Unternehmensübernahmen vermeiden. Gleichzeitig galt es mit dem Gesetz eine international wettbewerbsfähige Regelung zu schaffen. All diese Ziele sollten mit dem geplanten Übernahmegesetz verwirklicht werden.

Im Laufe des Gesetzgebungsverfahrens zeigte sich dann jedoch, dass nicht nur der Erwerb von Aktien, der auf ein Erreichen der Kontrolle über die Zielgesellschaft ausgerichtet war, einer Regelung bedurfte. Vielmehr hielt man eine Normierung sämtlichen Erwerbs von Wertpapieren, dem ein öffentliches Angebot zugrunde lag, für erforderlich. Hierfür führte man zur Begründung das Interesse der Anleger an einer möglichst großen Transparenz sowie an einem standardisierten Verfahren für alle öffentlichen Erwerbsangebote an.

Die letztlich vom Gesetzgeber mit der Schaffung des Wertpapiererwerbs- und Übernahmegesetzes verfolgten Ziele hat dieser selbst wie folgt formuliert:

- Leitlinien für ein faires und geordnetes Angebotsverfahren schaffen, ohne Unternehmensübernahmen zu fördern oder zu verhindern;

- Information und Transparenz für die betroffenen Wertpapierinhaber und Arbeitnehmer verbessern;

- die rechtliche Stellung der Minderheitsaktionäre bei Unternehmensübernahmen stärken und

- sich an international üblichen Standards orientieren.

---

[8] Amtliche Begründung, S. 61.
[9] Vgl. zu diesen Zahlen die mindestens einmal jährlich erscheinenden Übersichten im „AG-Report“.
[10] Aus dem juristischen Schrifttum Burgard, WM 2000, 611 ff.; Krause, AG 2000, 217 ff.
[11] Vgl. hierzu den Bericht Marie-Luise Hauch-Fleck in der Zeitung „Die Zeit“ vom 18. Oktober 2001: „Wie der Feind zum Freund wurde“, die sehr anschaulich anhand der Hintergründe den Wechsel des zunächst als feindliches Übernahmeangebot betrachteten öffentlichen Angebots der INA hin zu einem freundlichen Übernahmeangebot schildert.

1. Die Entstehungsgeschichte des Wertpapiererwerbs- und Übernahmegesetzes

a. Von den „Leitsätzen für Unternehmensübernahmen" zum „Gesetz zur Regelung von öffentlichen Angeboten zum Erwerb von Wertpapieren und von Unternehmensübernahmen"

Anders als in einer Vielzahl von anderen Ländern, insbesondere denen mit den führenden Finanzmärkten, gab es in Deutschland bislang keine gesetzliche Regelung für den öffentlichen Wertpapiererwerb und für Unternehmensübernahmen. Stattdessen existierten für den Bereich der Unternehmensübernahmen seit dem Ende der siebziger Jahre die von der Börsensachverständigenkommission beim Bundesministerium der Finanzen aufgestellten „Leitsätze für Unternehmensübernahmen".[12] Diese lediglich Wohlverhaltensregeln darstellenden Leitsätze blieben jedoch in der Praxis weitgehend ohne Beachtung.

Das änderte sich mit dem seit dem 1. Oktober 1995 geltenden Übernahmekodex,[13] der, indem er u.a. ein Pflichtangebot für Minderheitsaktionäre vorsah (Art. 16), bereits erste Ansätze einer Berücksichtigung von Anlegerinteressen zeigte.[14] Als Nachteil des Übernahmekodex erwies sich jedoch, dass ihm nur im Fall einer freiwilligen Anerkennung durch die beteiligten Unternehmen Rechtsverbindlichkeit zukam.[15] Von den 129 umsatzgrößten börsennotierten inländischen Unternehmen hatten jedoch bis zum 30. April 2001 lediglich 111 Gesellschaften, darunter 28 Unternehmen des DAX und 58 Unternehmen des M-Dax, den Kodex anerkannt. Damit waren – trotz des Umstandes dass sich der Übernahmekodex in seiner praktischen Anwendung bewährt hatte – einige große börsennotierte Unternehmen nicht bereit, ihr Verhalten am Kapitalmarkt den Regeln des Kodex zu unterwerfen.[16] Deshalb vermochte der Kodex auch nicht die gleiche Bedeutung wie die entsprechenden Regeln anderer Länder zu erlangen. Vor diesem Hintergrund empfahl die Börsensachverständigenkommission beim Bundesministerium der Finanzen im Jahre 1999 dem Gesetzgeber, die allgemeine Verbindlichkeit von Übernahmeregeln durch ein Gesetz herzustellen.[17]

b. Die europarechtlichen Vorgaben

Der deutsche Gesetzgeber musste – anders als zunächst zu erwarten – bei seinem Tätigwerden europarechtliche Vorgaben in Form einer Übernahme-Richtlinie nicht berücksichtigen, da es zur Verabschiedung einer entsprechenden Richtlinie trotz langer Vorarbeiten zunächst nicht gekommen war.

---

[12] Dazu Assmann/Basaldua/Bozenhardt/Peltzer, Übernahmeangebote, ZGR-Sonderheft 9, 1990.
[13] Die Veröffentlichung der Ursprungsfassung erfolgte in AG 1995, 572 ff., die der zum 1.1.1998 in Kraft getretenen Änderungen in AG 1998, 133 ff.
[14] Zum Übernahmekodex vgl. Assmann, AG 1995, 563 ff.; Thoma, ZIP 1996, 1725 ff.; Wirth/Weiler, DB 1998, 117 ff.; Weisgerber, ZHR 161 (1997), 421 ff.
[15] Zu den praktischen Problemen Kallmeyer, ZHR 161 (1997), 435 ff.; Kirchner/Ehricke, AG 1998, 105 ff.
[16] Vgl. zu diesen Zahlenangaben auch AG (Report) 2001, R. 170 ff.
[17] Standpunkte der Börsensachverständigenkommission zur künftigen Regelung von Unternehmensübernahmen, S. 9; veröffentlicht unter www.bsk.de.

Bereits 1989 legte die Kommission erstmals einen Vorschlag für eine 13. Richtlinie auf dem Gebiet des Gesellschaftsrechts über Übernahmeangebote[18] vor. Dieser scheiterte jedoch nicht zuletzt aufgrund seiner Ausführlichkeit im Europäischen Rat.[19]

Erst im Frühjahr 1996 legte die Kommission einen neuen Richtlinienvorschlag[20] vor, der sich gegenüber dem ursprünglichen Entwurf durch seine Kürze auszeichnete und nur noch einige grundsätzliche Bestimmungen sowie eine begrenzte Anzahl allgemeiner Anforderungen enthielt; im übrigen beließ er den Mitgliedstaaten Umsetzungsspielräume.

Unter Berücksichtigung von zahlreichen vom Europäischen Parlament auf eine entsprechende Vorlage gem. Art. 95 i.V.m. Art. 251 gemachten Änderungsvorschlägen legte die Kommission am 10. November 1997 einen „Geänderten Vorschlag für eine Dreizehnte Richtlinie“[21] vor. Die Beratungen im Rat erwiesen sich als äußerst problembehaftet, was nicht unerheblich an der Präsidentschaft des Vereinigten Königreichs im ersten Halbjahr 1998 lag. Aufgrund der zwischen Großbritannien und Spanien umstrittenen Gibraltarfrage[22] sah das Vereinigte Königreich während der Dauer seines EU-Vorsitzes z. B. davon ab, Ratssitzungen anzuberaumen.[23] Erst unter österreichischer Präsidentschaft wurden daher die Beratungen aufgenommen, die anschließend unter deutschem Vorsitz nach schwierigen Verhandlungen zu einer Einigung führten. Am 19. Juni 2000 verabschiedete der Rat seinen Gemeinsamen Standpunkt zu dem „Geänderten Vorschlag für eine Dreizehnte Richtlinie auf dem Gebiet des Gesellschaftsrechts über Übernahmeangebote“.[24]

Im Rahmen seiner Möglichkeit zur Stellungnahme im Zuge der Durchführung des Mitentscheidungsverfahrens nach Art. 251 EGV machte das Parlament insgesamt 15 Änderungsvorschläge, die zum Teil wesentliche Regelungen der Übernahmerichtlinie betrafen. So sollten die Interessen der Arbeitnehmer der Zielgesellschaft durch Informations- und Berichtspflichten gestärkt, die Möglichkeit des Squeeze-out geschaffen und die strenge im Richtlinien-Entwurf bis dahin enthaltene Neutralitätspflicht des Vorstandes aufgeweicht werden.[25]

Da der Rat seinerseits nicht bereit war, sämtliche vom Parlament gemachten Änderungsvorschläge zu übernehmen, kam es zur Einsetzung eines Vermittlungsaus-

---

[18] ABl. EG Nr. C 64 vom 14.3.1989, 8; auch abgedruckt in ZIP 1989, 606, 675; dazu Hommelhoff/Kleindieck, AG 1990, 106 ff.
[19] So Neye, AG 2000, 289.
[20] ABl. EG Nr. C 162 vom 6. Juni 1996, S. 5 ff.; auch abgedruckt in AG 1996, 217 ff.; dazu Peltzer AG 1997, 145 ff.; Roos, WM 1996, 2177 ff.; Neye, DB 1996, 1121 ff.; Krause, AG 1996, 209 ff.; Than, FS Claussen, S. 405 ff.
[21] ABl. EG Nr. C 378 vom 13. Dezember 1997, 10 ff.; auch abgedruckt in ZIP 1997, 2173 ff.; dazu Weber, EuZW 1998, 464 ff.; Habersack/Mayer, ZIP 1997, 2141 ff.; Neye, ZIP 1997, 2172 ff.; Hopt, EuZW 1997, 481 ff.
[22] Der Streit resultierte aus der Frage, wie die Aufsicht bei Übernahmeverfahren, an denen Gesellschaften mit Sitz auf Gibraltar beteiligt sind, zu regeln ist.
[23] Zu den weiteren Gründen, weshalb sich die Verhandlungen außerordentlich schwierig gestalteten, vgl. Neye, AG 2000, 289 f.
[24] ABl. EG Nr. C 23 vom 24.1.2001, S. 1 ff.; auch abgedruckt in AG 2000, 296 ff.; dazu Neye, AG 2000, 289 ff.
[25] Zu den weiteren Einzelheiten der Änderungsvorschläge vgl. Neye, ZIP 2001, 1120 ff.

schusses gem. § 251 Abs. 3 EGV.[26] Im Zuge von dessen Arbeit kristallisierte sich die Frage nach den Verhaltenspflichten für den Vorstand der Zielgesellschaft als Hauptstreitpunkt heraus.[27] Während Deutschland dem Vorstand erweiterte Abwehrmöglichkeiten zur Hand geben wollte, insbesondere sogenannte Vorratsbeschlüsse der Hauptversammlung als Abwehrmaßnahme zulassen wollte, wandte sich die weitüberwiegende Zahl der Mitgliedstaaten gegen solche Verteidigungsstrategien. Deutschland begründete seine abweichende Meinung mit der Befürchtung, „Hauptzielland für Übernahmen"[28] zu werden, da es in Deutschland nicht wie in anderen europäischen Ländern Sonderregelungen in Form von „goldenen Aktien"[29] oder Mehrfachstimmrechten[30] gäbe.[31] Ohne eine gleichzeitige Abschaffung dieser Sondervorschriften in den anderen Mitgliedstaaten müsste den Vorständen deutscher Unternehmen andere Abwehrmöglichkeiten zur Hand gegeben werden. Die entscheidende Abstimmung über einen Kompromissvorschlag[32] im Vermittlungsausschuss am 6. Juni 2001 ging mit 8:6 zu Gunsten des Rates, d.h. gegen die Auffassung Deutschlands aus. Die Vertreter des Parlaments gaben ihren Widerstand gegen die Beibehaltung der strengen Neutralitätspflicht für den Vorstand auf als sie vom Rat Zugeständnisse im Hinblick auf die Interessen der Arbeitnehmer erhielten.[33]

Da das Europäische Parlament in seiner Geschichte bislang noch nie das Ergebnis des Vermittlungsausschusses abgelehnt hatte, wurde nicht mehr ernsthaft damit gerechnet, dass die erforderliche absolute Mehrheit eine Hürde darstellen würde. Man ging allenthalben von der Billigung der Richtlinie mit dem im Vermittlungsausschuss festgelegten Inhalt, seiner Verkündung und dem baldigen Inkrafttreten aus.

Um so überraschender war das Ergebnis der Abstimmung im Plenum am 4. Juli 2001. Mit dem denkbar knappsten aller Entscheide – mit 273 zu 273 Stimmen (was nach der Geschäftsordnung als Ablehnung des Entwurfs gilt) – verwarf das Parlament den im Vermittlungsausschuss ausgehandelten Kompromiss. Die Gegner begründeten ihre Haltung damit, dass der Entwurf Unternehmen, die von einer Übernahme bedroht seien, keine ausreichenden Abwehrmöglichkeiten erlaube.

Damit war die angestrebte, europaweit einheitliche gesetzliche Regelung des Rechts der Unternehmensübernahmen nach 12 Jahren zunächst gescheitert.[34]

---

[26] Zum Vermittlungsverfahren und den daraus resultierenden Änderungen siehe Neye, ZIP 2001, 1120 ff.

[27] Vgl. zu diesem Komplex aus dem Schrifttum: Hopt, in: FS Lutter, S. 1361 ff.; Maier-Reimer, ZHR 165 (2001), 258 ff. ; Merkt, ZHR 165 (2001), 224 ff.; Witte, BB 2000, 2161 ff.

[28] So wurde der deutsche Wettbewerbsexperte Hartmut Schauerte im Handelsblatt vom 7.6.2001 zitiert.

[29] Z.B. Spanien, Italien und Großbritanien.

[30] Z.B. Frankreich.

[31] Vgl. zu den Einzelheiten Neye, ZIP 2001, 1120 ff.

[32] Abgedruckt in ZIP 2001, 1123 ff.

[33] Zu dieser Abstimmung im Vermittlungsausschuss auch Neye, ZIP 2001, 1120 ff. sowie die seinerzeitigen Tageszeitungen, z.B. Handelsblatt vom 7.6.2001, Seite 2: Das letzte Wort hat der Aktionär (Mit jeder Menge taktischem Kalkül ist der EU-Kommission bei der Übernahmerichtlinie ein Kompromiss gelungen).

[34] Zu den Auswirkungen des damaligen Scheiterns der europäischen Übernahmerichtlinie siehe Pluskat, WM 2001, 1937 ff.

Hiervon ließ sich jedoch die EU-Kommission nicht lange beirren und berief noch im Jahre 2001 eine Expertenkommission[35] ein. Deren Aufgabe war es, die zum Scheitern der Übernahmerichtlinie führenden Kritikpunkte zu überprüfen und unter Berücksichtigung der dabei gewonnenen Erkenntnisse einen neuen Vorschlag für eine Übernahmerichtlinie vorzulegen.

Die sog. Winter-Kommission legte die Ergebnisse ihrer Beratungen schon Anfang 2002 vor. Ein wesentlicher Punkt der Ausarbeitung war der Vorschlag, bei einem konkreten Übernahmeangebot nationale Sonderrechte (z.B. Mehrfachstimmrechte und Goldene Aktien[36]) außen vorzulassen, um so einen einheitlichen europäischen Rechtsrahmen für die Dauer des Übernahmeverfahrens zu schaffen (sog. level-playing-fields).

Im Oktober 2002 legte sodann die Europäische Kommission ihren überarbeiteten Vorschlag zur Regelung von Übernahmeangeboten vor, wobei sie weitgehend den Empfehlungen der Winter-Kommission folgte.[37] Es zeigte sich indes bald, dass auch der neue Vorschlag für eine Übernahmerichtlinie in dieser Form nicht die erforderlichen Mehrheiten in der Kommission und im Parlament finden würde. Zu stark wandten sich insbesondere die Länder, die nationale Sonderrechte in ihrem Aktienrecht kennen, gegen die Suspendierung dieser Sonderrechte für die Dauer von Überverfahren.

Angesichts dessen wurde in der Folgezeit unter dem Vorsitz verschiedener Länder nach einem für alle beteiligten Staaten hinnehmbaren Kompromiss gesucht. Dieser wurde schließlich im November 2003 binnen einer einzigen Woche – zuvor war insgesamt ein Verhandlungsmarathon von 15 Jahren vorausgegangen – gefunden.[38] Nachdem zunächst im Brüsseler Ausschuss der Ständigen Vertretungen (AStV) am 21.11.2003 eine Einigung erzielt werden konnte, verabschiedeten auch der Wirtschafts- und Währungsausschuss (ECON) am 24.11.2003 sowie der Rechtsausschuss (JURI) am 27.11.2003 den Kompromiss. Da sich die EU-Kommission gegen den neuen Vorschlag gewandt hatte, bedurfte es bei der entscheidenden Abstimmung der Einstimmigkeit. Diese wurde erreicht, weil sich Spanien, das neben Schweden und Finnland am längsten Widerstand leistete, bei der Abstimmung der Stimme enthielt. Das stand indes der Einstimmigkeit nicht entgegen. Der Meinungsumschwung der anderen Widerständler war während eines Treffens der EU-Wirtschaftsminister vom 27.11.2003 herbeigeführt worden. Die Verabschiedung der Übernahmerichtlinie im Europäischen Parlament erfolgte noch im Dezember 2003.

Der gefundene Kompromiss geht zurück auf einen Vorschlag Italiens und sieht im Wesentlichen vor, dass die Mitgliedstaaten weitestgehend frei entscheiden können, ob sie sich an das neue Gesetz halten oder aber nationale Schutzwälle gegen Firmenübernahmen aufrechterhalten wollen. Konkret sieht der Entwurf der EU-Übernahmerichtlinie ein zweistufiges Optionsmodell vor. Danach können die Mit-

---

[35] Diese wurde nach ihrem Vorsitzenden J. Winter auch als „Winter-Kommission" bezeichnet.
[36] Vgl. in diesem Zusammenhang auch die Urteile des EuGH zu den sog. Golden Shares vom 13.5.2003 (NJW 2003, 2663 ff.; NJW 2003, 2666 ff.).
[37] Ausführlich hierzu Zschocke/Schuster, Handbuch, S. 13 f.
[38] Hierzu AG 2004, R8 („Neues aus Brüssel: Durchbruch bei der Übernahmerichtlinie") und NJW-aktuell 2003, Heft 52, S. X („Minister einigen sich auf Übernahmerichtlinie").

gliedsstaaten zunächst davon absehen, die Regelungen der Richtlinie in nationales Recht umzusetzen. Machen sie hiervon Gebrauch, müssen jedoch Gesellschaften mit Sitz in ihrem Hoheitsgebiet die Möglichkeit eröffnen, sich den Beschränkungen der Richtlinie individuell zu unterwerfen.[39]

Damit konnte sich der EU-Binnenmarktkommissar Bolkestein, der bis zuletzt an seinem Ziel, ein sog. level playing field zu erreichen, festgehalten hatte, nicht durchsetzen. Der Kompromiss trägt angesichts dessen nicht die erhofften liberalen Grundzüge, die er bei der vollständigen Abschaffung nationaler Übernahmehindernisse wie z.B. der Mehrfachstimmrechte oder der Vorratsbeschlüsse gehabt hätte.

c. Das Gesetzgebungsverfahren

Ausgehend von dem oben[40] erwähnten Vorschlag der Börsensachverständigenkommission und von den Erfahrungen aus der „Übernahmeschlacht" zwischen Vodafone AirTouch und Mannesmann setzte die Bundesregierung im Februar 2000 eine sog. „Expertenkommission" ein, deren Aufgabe es war, die Notwendigkeit einer gesetzlichen Regelung von Unternehmensübernahmen in Deutschland zu untersuchen und Vorschläge für eine künftige gesetzliche Regelung zu erarbeiten. Der Expertenkommission gehörten neben Mitgliedern der Bundesregierung und Persönlichkeiten der Wissenschaft auch Vertreter der Wirtschaft an.

Bereits im Mai 2000 legte die Kommission ihre „Eckpunkte" für ein künftiges Übernahmegesetz vor.[41] Darin bejahte sie ein Bedürfnis für ein Übernahmegesetz und benannte zehn Gesichtspunkte, die die Grundlage für das weitere Gesetzgebungsverfahren bilden sollten. Dazu gehörten u.a. das Pflichtangebot, d.h. die Verpflichtung zur Abgabe eines Angebots an alle Aktionäre beim Erwerb von 30 % der Stimmrechtsanteile an einer Gesellschaft, und die Squeeze-out-Regelung, wonach ab einer Schwelle von 95 % der Aktien die verbleibenden Aktionäre vom Erwerber abgefunden werden können, um so den Erwerb aller Aktien eines Unternehmens zu ermöglichen. Im Zusammenhang mit den Verhaltenspflichten von Vorstand und Aufsichtsrat der Zielgesellschaft während eines Übernahmeverfahrens sah das Eckpunktepapier vor, dass die genannten Personen Handlungen zu unterlassen haben, die geeignet sind, den Erfolg des Übernahmeangebots zu verhindern, während Maßnahmen des laufenden Geschäftsbetriebs, die im Interesse des gesamten Unternehmens liegen, weiterhin möglich sein sollten (z. B. die Suche nach einem anderen attraktiven Angebot, Abwehrmaßnahmen aufgrund eines Beschlusses der Hauptversammlung während des Übernahmeverfahrens sowie Kapitalerhöhungen unter Wahrung des Bezugsrechts der Aktionäre, wenn der entsprechende Hauptversammlungsbeschluss nicht länger als 18 Monate zurückliegt). Nach der Empfehlung der Börsensachverständigenkommission sollte es dem Bieter grundsätzlich freistehen, als Gegenleistung für den Erwerb von Anteilen der Zielgesellschaft Aktien anzubieten, soweit die angebotenen Aktien liquide und an einer Börse im Europäischen Wirtschaftsraum zum Handel zugelassen sind.

---

[39] Krause, BB 2004, 113 ff.
[40] Siehe S. 3.
[41] Pressemitteilung Nr. 237/2000 des Bundespresseamtes vom 17.5.2000; abgedruckt in WM 2000, Beilage 2, S. 37.

Kurze Zeit nach der Vorlage des Eckpunktepapiers durch die Expertenkommission veröffentlichte das federführende Bundesministerium der Finanzen am 29.6.2000 seinen Diskussionsentwurf eines Übernahmegesetzes. Dieser orientierte sich in starkem Maße an den Vorarbeiten der Kommission.

Die Veröffentlichung des Diskussionsentwurfs zum Übernahmegesetz hatte eine umfangreiche Erörterung im Schrifttum zur Folge. Neben Stellungnahmen, die sich mit dem Diskussionsentwurf im Ganzen auseinander setzten,[42] kristallisierten sich bald mehrere Hauptstreitpunkte heraus: die Verhaltenspflichten von Vorstand und Aufsichtsrat der Zielgesellschaft bei einem feindlichen Übernahmeangebot,[43] der Anwendungsbereich des Wertpapiererwerbs- und Übernahmegesetzes und die Einführung des Squeeze-out.[44]

Am 25. Juli 2000 wurde im Bundesministerium der Finanzen eine Anhörung zum vorgelegten Diskussionsentwurf durchgeführt. Dabei wurden zahlreiche Anregungen und Änderungswünsche vorgetragen, die der am 12. März 2001 veröffentlichte Referentenentwurf eines Wertpapiererwerbs- und Übernahmegesetzes (WpÜG) in weitem Umfange berücksichtigte. Neben der neuen Bezeichnung des geplanten Gesetzes stellten die Erweiterung des Anwendungsbereichs des Wertpapiererwerbs- und Übernahmegesetzes (dem Gesetz sollten nunmehr nicht nur Übernahmeangebote, sondern sämtliche öffentlichen Angebote zum Erwerb von Aktien einer inländischen Aktiengesellschaft oder KGaA unterfallen, auch wenn diese Angebote nicht auf den Erwerb der Kontrolle an der Zielgesellschaft gerichtet sind),

- weitere Erleichterungen bei der Einberufung der Hauptversammlung (freie Wahl des Hauptversammlungsortes; Verzicht auf Zweiwochenfrist nach Abgabe des Angebots zur Einberufung der Hauptversammlung; Verlängerung der Annahmefrist auf zehn Wochen nach Einberufung der Hauptversammlung),

- Modifikationen der bei Übernahmeangeboten und bei Pflichtangeboten zu gewährenden Gegenleistung (Verkürzung des Referenzzeitraumes zur Bestimmung der Gegenleistung auf drei Monate),

- Modifizierung von Fristenregelungen (Verlängerung der Frist zur Vorlage der Angebotsunterlage bei der Bundesanstalt für Finanzdienstleistungsaufsicht[45] auf vier Wochen; maximale Länge der Annahmefrist beträgt zehn Wochen),

- die Pflicht des Vorstandes der Zielgesellschaft seiner Stellungnahme zum Angebot eine Stellungnahme der Arbeitnehmervertretung beizufügen,

---

42 Land/Hasselbach, DB 2000, 1747 ff.

43 Wittge, BB 2000, 2161 ff.; Körner, DB 2001, 367 ff.; Wiese/Demisch, DB 2001, 849 ff.; Becker, ZHR (165) 2001, 280 ff.; Merkt, ZHR (165) 2001, 224 ff.; Maier-Reimer (165) 2001, 258 ff.; Grunewald, AG 2001, 288 ff.

44 Vetter, DB 2001, 743 ff.; Drygala, AG 2001 291, 297 f.; Halm, NZG 2000, 1162 ff.; Baums, WM 2001, 1843 ff.

45 Die Bundesanstalt für Finanzdienstleistungsaufsicht (früher: Bundesaufsichtsamt für den Wertpapierhandel = BAWe) ist eine selbständige Bundesoberbehörde im Geschäftsbereich des Bundesministeriums der Finanzen. Sie hat ihren Sitz in Frankfurt am Main. Gegründet wurde das BAWe gemäß dem Wertpapierhandelsgesetz (WpHG), dem Kernelement des Zweiten Finanzmarktförderungsgesetzes vom 26. Juli 1994.

- die Verringerung der Zahl der Mitglieder des Übernahmerates auf fünfzehn Personen,

- die Aufnahme von Detailregelungen betreffend die ergänzenden Angaben der Angebotsunterlage sowie die nähere Bestimmung der Gegenleistung bei Übernahme- und Pflichtangeboten in eine Rechtsverordnung und

- die Konkretisierung der Preisregelung bei einem Squeeze-out

die bedeutendsten Änderungen des Referentenentwurfs gegenüber dem Diskussionsentwurf dar.

In der Kabinettssitzung vom 11. Juli 2001 hat die Bundesregierung sodann den Entwurf eines „Gesetzes zur Regelung von öffentlichen Angeboten zum Erwerb von Wertpapieren und von Unternehmensübernahmen"[46] beschlossen. Wesentlichster Bestandteil dieses Gesetzes ist das in Artikel 1 verankerte „Wertpapiererwerbs- und Übernahmegesetz". Dieser Regierungsentwurf enthielt gegenüber dem Referentenentwurf nahezu 100 Änderungen,[47] deren wesentlichste sich wie folgt zusammenfassen lassen:

- Modifikationen bei der zu veröffentlichenden Angebotsunterlage, z.B. Veröffentlichungsverfahren (§ 10), Inhalt der Angebotsunterlage (§ 11 Abs. 4) und Länge der Verjährungsfrist für Ansprüche wegen einer fehlerhaften Angebotsunterlage (§ 12 Abs. 4),

- besondere Regelungen für grenzüberschreitende Angebote (§ 24),

- Einführung eines übernahmerechtlichen Behinderungsverbots für Vorstand und Aufsichtsrat der Zielgesellschaft (§ 33 Abs. 1) und

- Änderungen bei den Rechtsmitteln (§§ 49 ff.) sowie bei der gerichtlichen Zuständigkeit (§ 67).

Am 15. November 2001 beschloss der Bundestag das vom Bundeskabinett am 11. Juli 2001 gebilligte Wertpapiererwerbs- und Übernahmegesetz in zweiter und dritter Lesung. In der im Anschluss daran herausgegebenen Presseerklärung wurden noch einmal deutlich die mit dem geplanten Gesetz verfolgten Ziele herausgestellt. So heißt es wörtlich: „Das Gesetz soll den Ausverkauf deutscher Unternehmen verhindern und die Interessen von Arbeitnehmern und kleinen Aktiensparern bei Firmenübernahmen schützen." Um insbesondere das erstere Ziel noch besser erreichen zu können, erfuhr der bislang vorliegende Regierungsentwurf – zurückgehend auf eine Beschlussempfehlung des Finanzausschusses vom 14. November 2001 – eine wichtige Änderung im Bereich der „Verhaltenspflichten des Vorstandes bei feindlichen

[46] Der Regierungsentwurf ist abgedruckt in ZIP 2001, 1262 ff. und abrufbar unter www.bundesfinanzministerium.de
[47] Möller/Pötzsch, ZIP 2001, 1256 ff.

Übernahmen".[48] Sah noch der Kabinettsentwurf vom 11. Juli 2001 vor, dass allein die Hauptversammlung durch sog. „Vorratsbeschlüsse" die Leitungsorgane des von einer feindlichen Übernahme bedrohten Unternehmens im Voraus zu Abwehrmaßnahmen ermächtigen konnte, sollten diese nunmehr bereits möglich sein, wenn die Handlungen in die Geschäftsführungskompetenz des Vorstandes fallen und der Aufsichtsrat ihnen zustimmt, sofern nicht aufgrund des Aktienrechts zwingend die Zuständigkeit der Hauptversammlung begründet ist.[49] Mit der Schaffung dieser Möglichkeit sollten die Nachteile für deutsche Unternehmen, die aus dem Verbot von Höchst- und Mehrfachstimmrechten sowie sog. „goldenen Aktien" resultieren, zumindest ein wenig abgemildert werden. Um die insoweit in den Mitgliedstaaten der Europäischen Union bestehenden Unterschiede abzubauen, machte sich die Bundesregierung aber auch noch nach dem Scheitern der Übernahme-Richtlinie für eine einheitliche Regelung stark, die dann – zumindest nach dem Willen Deutschlands – allenthalben eine Abschaffung von Höchst- und Mehrfachstimmrechten sowie „goldenen Aktien" enthalten müsste.[50] Insgesamt lassen sich die wesentlichsten noch in letzter Sekunde auf Empfehlung des Finanzausschusses in das Gesetz eingearbeiteten Änderungen wie folgt zusammenfassen:

- Ermöglichung von Abwehrmaßnahmen des Vorstands, die in seine Geschäftsführungskompetenz fallen, sofern der Aufsichtsrat diesen Maßnahmen zugestimmt hat;

- Ermächtigung des Vorstands zu Abwehrmaßnahmen „auf Vorrat" durch die Hauptversammlung nicht „im Einzelnen", sondern der „Art nach";

- Möglichkeit der Verlängerung der Frist von 4 Wochen, innerhalb derer der Bieter die Angebotsunterlage der Bundesanstalt für Finanzdienstleistungsaufsicht zu übermitteln hat, um vier Wochen unter bestimmten Voraussetzungen;

- Abgabe einer begründeten Stellungnahme zu dem Angebot nicht nur durch den Vorstand, sondern auch durch den Aufsichtsrat der Zielgesellschaft;

- Schaffung von Übergangsregelungen für laufende Angebotsverfahren bei In-Kraft-Treten des Gesetzes und

- Streichung der unwiderlegbaren Vermutung der Angemessenheit der Barabfindung beim Squeeze-out bei vorangegangenem Angebot nach dem Wertpapiererwerbs- und Übernahmegesetz.

Nachdem schließlich der Bundesrat in seiner Sitzung vom 30. November 2001 von seinem Einspruchsrecht gegen das vom Bundestag beschlossene Gesetz keinen Gebrauch machte, konnte das Wertpapiererwerbs- und Übernahmegesetz – wie geplant – zum 1.1.2002 in Kraft treten.

[48] Vgl. BT-Drucks. 14/7477 ff., die die Änderungen des Finanzausschusses enthält.
[49] Soll beispielsweise als Verteidigungsmittel eine Kapitalerhöhung eingesetzt werden, so kann auch zukünftig allein die Hauptversammlung einen sog. „Vorratsbeschluss" fassen.
[50] BT-Drucks. 14/7477 ff.

d. Aufbau des Wertpapierwerbs- und Übernahmegesetzes

Das „Wertpapiererwerbs- und Übernahmegesetz", das als Artikel 1 des „Wertpapiererwerbs- und Unternehmensübernahmegesetzes" veröffentlicht wurde und zugleich dessen wesentlichsten Bestandteil bildet, hat im Laufe des Gesetzgebungsverfahrens erhebliche Änderungen erfahren. Größtenteils finden diese ihre Ursache jedoch im erheblich erweiterten Anwendungsbereich des Wertpapiererwerbs- und Übernahmegesetzes in seiner endgültigen Fassung gegenüber dessen erstem Diskussionsentwurf vom 29.6.2000: Während dieser noch allein von Übernahmeangeboten, d.h. auf auf die Übernahme einer Zielgesellschaft gerichtete oder einer Übernahme folgende öffentliche Kauf- oder Tauschangebote zum Erwerb von Aktien der Zielgesellschaft (§ 2 Abs. 3 Diskussionsentwurf-ÜG), zum Gegenstand hatte, erfasst der Anwendungsbereich des Wertpapiererwerbs- und Übernahmegesetzes sämtliche Angebote zum Erwerb von Wertpapieren, die von einer Aktiengesellschaft oder Kommanditgesellschaft auf Aktien mit Sitz im Inland ausgegeben wurden und zum Handel an einem organisierten Markt zugelassen sind (§ 1). Das bedeutet, dass sowohl freiwillige als auch auf Grund einer Verpflichtung nach dem Wertpapiererwerbs- und Übernahmegesetzes erfolgende öffentliche Kauf- oder Tauschangebote zum Erwerb von Wertpapieren der Zielgesellschaften erfasst werden (§ 2 Abs. 1).

Diese Erweiterung des Anwendungsbereichs im Laufe des Gesetzgebungsverfahrens lässt sich auch unmittelbar am Aufbau des Wertpapiererwerbs- und Übernahmegesetzes nachvollziehen. Während nämlich noch der Diskussionsentwurf des Übernahmegesetzes bei den zentralen Normen über die öffentlichen Angebote nur zwischen freiwilligen Übernahmeangeboten und Pflichtangeboten differenzierte, findet sich seit dem Referentenentwurf eine Dreiteilung im Wertpapiererwerbs- und Übernahmegesetz:

Es wird nunmehr zwischen Angeboten zum Erwerb von Wertpapieren (3. Abschnitt), Übernahmeangeboten (4. Abschnitt) und Pflichtangeboten (5. Abschnitt) unterschieden. Zwischen den diese unterschiedlichen Formen von Angeboten regelnden Normen besteht ein Stufenverhältnis dergestalt, dass die Vorschriften über „Angebote zum Erwerb von Wertpapieren" (§§ 10 ff.) für sämtliche öffentlichen Angebote gelten (u.a. Anforderungen an die Angebotsunterlage [§ 11], Haftung für fehlerhafte Angebotsunterlagen [§ 12], verfahrensrechtliche Regelungen [z. B. §§ 10, 14, 15, 16], Vorschriften zur Änderung des Angebots [§ 21] und Verpflichtung des Vorstands der Zielgesellschaft zur Stellungnahme zum Angebot [§ 27]). Zusätzlich finden auf „Übernahmeangebote" und „Pflichtangebote" die Vorschriften des 4. Abschnitts Anwendung, während für „Pflichtangebote" schließlich noch die Normen des 5. Abschnitts Berücksichtigung finden müssen.

e. Exkurs: Vorwirkungen von EU-Richtlinien vor dem Ende von deren Umsetzungsfrist auf nationale Gesetzgebungsvorhaben

Im Rahmen des (deutschen) Gesetzgebungsverfahrens zum Wertpapiererwerbs- und Übernahmegesetz ist im Schrifttum[51] verschiedentlich eine Frage des Verhältnisses von Gemeinschaftsrecht zum nationalem Recht erörtert worden, die letztlich

---

[51] Ausführlich zum Ganzen m.w.N. Ehricke, ZIP 2001, 1311 ff.

aufgrund des Scheiterns der europäischen Übernahme-Richtlinie für die hier in Rede stehende Rechtsmaterie nicht entschieden werden brauchte. Im folgenden soll dennoch aufgrund der Grundsätzlichkeit des Problems kurz Stellung bezogen werden.

Bei der angesprochenen Diskussion über das Verhältnis von Gemeinschaftsrecht zu nationalem Recht ging es um die Frage, ob der Gesetzgeber eines Mitgliedstaates noch nach Verabschiedung einer EU-Richtlinie berechtigt gewesen wäre, bis zum Ablauf von deren Umsetzungsfrist eine gesetzliche Regelung zu schaffen, die in Widerspruch zur Richtlinie steht. Konkret stellte sich die Frage, ob die Bundesrepublik Deutschland noch nach der Verabschiedung der Übernahme-Richtlinie für die Zeit bis zum Ende von deren Umsetzungsfrist ein deutsches Wertpapiererwerbs- und Übernahmegesetz hätte schaffen dürfen, das in Teilbereichen nicht mit den Regelungszielen der Übernahme-Richtlinie konform gegangen wäre. Eine Divergenz zwischen beiden gesetzlichen Regelungen hätte es voraussichtlich bei dem Punkt, welche Verteidigungsmaßnahmen gegen ein feindliches Übernahmeangebot zulässig sein sollen, gegeben. Hier sah der Entwurf der EU-Richtlinie eine Neutralitätspflicht des Vorstandes der Zielgesellschaft vor, während nach dem Wertpapiererwerbs- und Übernahmegesetz das Leitungsorgan bestimmte Verteidigungsmaßnahmen ergreifen darf, die zuvor durch sog. Vorratsbeschlüsse der Hauptversammlung der Zielgesellschaft legitimiert worden sein müssen.[52]

Die Frage, welche Vorwirkungen eine Richtlinie vor ihrer Umsetzung entfaltet, d.h. welchen Einfluss sie auf bereits existierendes, aber auch auf noch neu zu schaffendes nationales Recht hat, ist anders als zahlreiche andere Problemkreise aus dem Bereich der Richtlinienvorgaben – erwähnt sei in diesem Zusammenhang allein die Rechtsprechung des Europäischen Gerichtshofs zur unterbliebenen oder verspäteten Umsetzung von Richtlinien[53] – noch nicht in dem Maße Gegenstand gerichtlicher Entscheidungen geworden. Aus diesem Grunde sind die Ansichten im Schrifttum geteilt.

Zunächst muss unterschieden werden zwischen dem Fall, dass die Richtlinie noch nicht in Kraft getreten ist, und dem Fall, dass die Richtlinie zwar in Kraft getreten, ihre Umsetzungsfrist jedoch noch nicht abgelaufen ist.[54]

In ersterer Konstellation wird zum einen vertreten, dass die Mitgliedstaaten eine ungeschriebene Stillhalteverpflichtung nach der Veröffentlichung von Richtlinienvorschlägen hinsichtlich ihrer eigenen Gesetzgebung träfe. Das ergebe sich aus dem Vorrang des Gemeinschaftsrechts gegenüber dem nationalen Recht und sei letztlich Ausfluss von Art. 10 Abs. 2 EGV.[55] Dagegen geht die wohl herrschende Auffassung[56] – richtigerweise – davon aus, dass die Mitgliedstaaten eine „Kompetenzsperre" vor dem endgültigen Erlass einer Richtlinie nicht trifft. Hierfür spricht vor allem, dass der die Gegenseite zur Bejahung einer Stillhaltepflicht führende Konflikt zwischen den

[52] Vgl. § 33 Abs. 2.
[53] EuGH, Slg. 1991 I S. 5357 ff. (Francovich); 1996 I, S. 1631 ff.; 1996 I, S. 4848 ff. (Dillenkofer); dazu Streinz/Leible, ZIP 1996, 1931 ff.; Wittkowski, NVwZ 1994, 326 ff.
[54] Ehricke, ZIP 2001, 1311 ff.
[55] Grundlegend Grabitz, Stillhalte-Verpflichtungen vor dem Binnenmarkt, S. 40 ff.; ebs. Arndt, DStR 1989, 471, 476; Brauns/Riedel, RIW 1991, 224, 228.
[56] Klein, FS Everling, S. 645.

Gemeinschaftsinteressen an der Erreichung des Harmonisierungsziels und den mitgliedstaatlichen Interessen an einer freien, d.h. nicht durch europäische Richtlinienvorgaben eingeschränkte Gesetzgebung erst mit der Verabschiedung der Richtlinie entsteht;[57] zuvor handelt es sich lediglich um einen drohenden Widerstreit der Interessen. Im übrigen muss bei der Streitentscheidung die lange Dauer mancher europäischer Entscheidungsprozesse berücksichtigt werden.[58] Die geplante europäische Übernahme-Richtlinie stellt hierbei mit einer Dauer des – letztlich gescheiterten – Gesetzgebungsverfahrens von immerhin 12 Jahren nahezu ein Paradebeispiel dar. Nach der ersteren Ansicht wäre es sämtlichen Mitgliedstaaten während dieses Zeitraums verwehrt gewesen, in diesem Rechtsbereich gesetzgeberisch tätig zu werden. Eine derartige Enthaltsamkeit vermag das sicherlich richtige Ziel, die Harmonisierung des europäischen Rechts zu sichern, nicht zu begründen.

Für die Konstellation, dass eine Richtlinie zwar bereits verabschiedet, ihre Umsetzungsfrist indes noch nicht abgelaufen ist, liegt eine Entscheidung des Europäischen Gerichtshofs zur Frage der Sperrwirkung einer Richtlinie vor Ablauf der Umsetzungsfrist auf nationale Gesetzgebungsvorhaben vor. In der Sache Inter-Environnement Wallonie ASBL ./. Région wallonne[59] hat er sich erstmals – und soweit ersichtlich auch einmalig – mit der Vorwirkung einer Richtlinie befassen müssen. Er hat dabei ausgeführt, dass die Mitgliedstaaten während der Umsetzungsfrist die Pflicht treffe, alle erforderlichen Maßnahmen zu ergreifen, damit das in der Richtlinie vorgeschriebene Ziel bei Ablauf der Frist erreicht wird. Auch wenn eine Pflicht der Mitgliedstaaten, die Maßnahmen vor Ablauf der Umsetzungsfrist zu erlassen, nicht bestehe, ergebe sich doch aus Art. 5 Abs. 2 i.V.m. Art. 189 Abs. 3 EGV und aus der Richtlinie selbst, dass die Mitgliedstaaten während dieser Frist den Erlass von Vorschriften unterlassen müssen, die geeignet sind, das in dieser Richtlinie vorgeschriebene Ziel ernstlich in Frage zu stellen.

Aus der Entscheidung Inter-Environnement Wallonie ASBL ./. Région wallonne ist damit zu entnehmen, dass es den Mitgliedstaaten keineswegs generell verwehrt ist, nationale Regelung vor Ende der Umsetzungsfrist zu erlassen, die nicht in Übereinstimmung mit den Zielen einer verabschiedeten Richtlinie stehen. Erst mit Ablauf der Umsetzungsfrist muss das nationale Recht den gemeinschaftsrechtlichen Vorgaben entsprechen. Das heißt, die Richtlinie muss zu diesem Zeitpunkt ordnungsgemäß umgesetzt sein. Gleichzeitig sind aber vor Ablauf der Umsetzungsfrist nationale gesetzgeberische Maßnahmen verboten, die dazu führen, dass der Mitgliedstaat bei Ablauf der Umsetzungsfrist seinen Verpflichtungen nicht entsprechen kann. Sonstige, d.h. die Zielvorgaben der Richtlinie nicht vereitelnde nationale Gesetzgebungsvorhaben sind dagegen auch noch während des Laufs der Umsetzungsfrist für die EU-Richtlinie zulässig.[60] Der Rechtsprechung des EuGH in der Sache Inter-Environnement Wallonie ASBL ./. Région wallonne ist demnach als ein „Frustrationsverbot" zu verstehen.[61]

---

[57] So ausdrücklich Ehricke, ZIP 2001, 1311, 1312.

[58] Ehricke, ZIP 2001, 1311, 1312 f.

[59] EuGH Slg. 1997, I-7411 = NJW 1998, 2809 (L) = NVwZ 1998, 385 ff.

[60] Weiß, DVBl. 1998, 568 ff.

[61] So ausdrücklich Ehricke, ZIP 2001, 1311, 1314.

Für die oben geschilderte, zunächst wahrscheinlich anmutende Konstellation, dass es zum Erlass einer „13. Richtlinie auf dem Gebiet des Gesellschaftsrecht über Übernahmeangebote“ gekommen wäre und der deutsche Gesetzgeber an der Schaffung seines der Richtlinie zeitweilig, d.h. während des Laufs von deren Umsetzungsfrist widersprechenden Wertpapiererwerbs- und Übernahmegesetzes festgehalten hätte, dürfte aus diesen dargelegten Grundsätzen zu entnehmen sein, dass ein Verstoß gegen Gemeinschaftsrecht vorgelegen hätte, sofern die während der Umsetzungsfrist gefassten Vorratsbeschlüsse der Hauptversammlungen nicht mit Ablauf der Frist ihre Wirksamkeit verloren hätten.

2. Die Haftungsvorschrift des § 12 WpÜG

Mit § 12 wurde eine Vorschrift im Wertpapiererwerbs- und Übernahmegesetz geschaffen, die die Haftung für eine fehlerhafte Angebotsunterlage normiert.[62] Sie stellt eine Neuerung gegenüber der bislang geltenden unverbindlichen Regelung des Übernahmekodex dar. Diesem fehlte es ebenso wie erst Recht den von der Börsensachverständigenkommission beim Bundesministerium der Finanzen aufgestellten „Leitsätzen für Unternehmensübernahmen" an einer Haftungsvorschrift.

a. Vergleichbare ausländische Regelungen

Mit der Schaffung einer solchen Norm bewegt sich der deutsche Gesetzgeber im Einklang mit den rechtlichen Regelungen anderer Staaten. So finden sich in zahlreichen Ländern entsprechende Regelungen. Zu beachten ist indes, dass nicht alle ausländischen Rechtsordnungen eine vergleichbare Haftungsvorschrift kennen. In Österreich[63] z.B. sieht § 34 Übernahmegesetz (ÜbG) von 1998 vor, dass der Verkäufer nur bei schweren Verletzungen der Vorschriften des ÜbG von einem in Durchführung des Angebots geschlossenen Vertrag innerhalb von sechs Monaten ab Bekanntmachung des Entscheidung der Übernahmekommission gem. § 33 Abs. 1 Nr. 3 ÜbG (Feststellung des Eintritts zivilrechtlicher Sanktionen) durch Erklärung gegenüber dem Käufer zurücktreten und bereits abgewickelte Verkäufe rückgängig machen kann. Das bedeutet, dass nicht jede Verletzung von Vorschriften des ÜbG, also auch von § 7 ÜbG (Angebotsunterlage) zu Sanktionen führt.[64]

b. Die Vorbildsnorm der §§ 44, 45 BörsG[65]

Bei der Ausgestaltung der Haftungsvorschrift orientierte sich der Gesetzgeber des Wertpapiererwerbs- und Übernahmegesetzes an bereits bekannten kapitalmarktrechtlichen Normen, die Regelungen über fehlerhafte an den Kapitalmarkt gerichtete Veröffentlichungen enthalten. Dabei ist zu vorderst an §§ 44, 45 BörsG, aber auch an § 20 KAGG sowie § 12 AuslInvestmG zu denken. Die zuerst genannte Norm diente aufgrund ihres Alters, das ihr bereits bei der Schaffung der anderen Vorschriften eine Vorbildfunktion zukommen ließ, auch im Hinblick auf § 12 WpÜG als Beispiel, an das sich der Gesetzgeber halten konnte. So verwundert es denn auch kaum, dass § 12 WpÜG einerseits und §§ 44, 45 BörsG andererseits viele Gemeinsamkeiten und nur wenige Unterschiede aufweisen. Im einzelnen:

Beide Vorschriften setzen eine fehlerhafte Veröffentlichung voraus, wobei fehlerhaft jeweils i.S.v. unrichtig bzw. unvollständig verstanden wird. Sie verlangen, dass das ein Anleger auf die fehlerhafte Veröffentlichung reagiert hat, also entweder die Wertpapiere erworben (§ 44 BörsG) oder aber das öffentliche Angebot angenommen (§

---

[62] Zu den Änderungen, die die Haftungsnorm im Laufe des Gesetzgebungsverfahrens erfahren hat, vgl. KK-Möllers, § 12 Rn. 10 ff.

[63] Hierzu Huber, Haftung, S. 58 ff.

[64] Es wird allerdings im Schrifttum diskutiert, ob dem Beteiligungspapierinhaber nicht ein Anspruch gem. § 11 KMG zu gewähren ist.

[65] Soweit im folgenden Paragraphen des Börsengesetzes zitiert werden, sind die entsprechenden Vorschriften in der Fassung des Gesetzes vom 21. Juni 2002 (BGBl. I, S. 2010 ff.) gemeint, soweit keine anderweitige Kenntlichmachung erfolgt.

12) hat. Der Erwerb bzw. die Annahme müssen gerade aufgrund der Veröffentlichung erfolgt sein (haftungsbegründende Kausalität). Beide Normen setzen ein Verschulden voraus, wobei jeweils zu Gunsten des den Schadensersatzanspruch Geltendmachenden die Beweislast kraft Gesetzes umgekehrt wird (§ 44 Abs. 2 BörsG bzw. § 12 Abs. 2 WpÜG). Gemeinsamkeiten weisen die beiden Haftungstatbestände auch in Bezug auf die Regelungen auf, bei denen eine Inanspruchnahme der zum Schadensersatz verpflichteten Personen ausscheidet (§ 45 Abs. 2 Nr. 1, Nr. 3, Nr. 4 BörsG und § 12 Abs. 3 Nr. 1, Nr. 2, Nr. 3 WpÜG). Schließlich erfordern beide Normen den Eintritt eines Schadens, wobei der Personenkreis, der diesen zu ersetzen hat, vom Gesetz ganz offensichtlich gleich verstanden wird („Erlasser" bzw. „Veranlasser" der Veröffentlichung).

Trotz dieser Vielzahl von Gemeinsamkeiten der beiden Haftungstatbestände bestehen auch Differenzen:

Zum einen existieren weitestgehend zwingend durch die verschiedenen Regelungsbereiche der beiden Normen bedingte Unterschiede: Zunächst ist der Anknüpfungspunkt der Haftungsnorm, also das Haftungsobjekt (Börsenzulassungsprospekt / Angebotsunterlage) verschieden. Sodann enthält die Börsenprospekthaftung Regelungen für die Fälle, dass sich der Sitz des Emittenten im Ausland befindet und auch die Wertpapiere im Ausland zugelassen sind, sowie über den maßgeblichen Zeitpunkt für den Erwerb der Wertpapiere. Dass es insoweit keiner Entsprechung im Wertpapiererwerbs- und Übernahmegesetz bedurfte, bedarf keiner weiteren Erläuterung.

Zum anderen finden sich im Börsengesetz Regelungen, bei denen nicht sofort ersichtlich ist, weshalb sie nicht im Wertpapiererwerbs- und Übernahmegesetz vorhanden sind. Hierzu gehört die im Börsengesetz sehr detailliert gestaltete Regelung über Art und Umfang des zu leistenden Schadensersatzes, der es einer Entsprechung im Wertpapiererwerbs- und Übernahmegesetz mangelt. Gleiches gilt für das Fehlen eines Ausschlusstatbestandes analog § 45 Abs. 2 Nr. 2 BörsG im WpÜG.

c. § 12 als eine dem Individualanlegerschutz dienende Norm

Das Kapitalmarktrecht verfolgt generell zwei Regelungsziele: Es soll zum einen den Funktionsschutz der Kapitalmärkte sichern, zum anderen aber auch dem Individualschutz der Anleger dienen.[66] Nach Kümpel[67] gebührt dabei dem Funktionsschutz Vorrang vor dem Anlegerschutz, wobei letzterer i.S.d. Schutzes individueller Anlegerinteressen zu verstehen sei, da der Schutz der Gesamtheit des Anlegerpublikums lediglich – wenn auch wesentlicher – Teilaspekt des Funktionsschutzes sei (Schutz des Anlegerpublikums als bloßer Rechtsreflex des Funktionsschutzes).

Der Individualanlegerschutz wohnt nicht sämtlichen kapitalmarktrechtlichen Normen inne. Vielmehr ist für jede einzelne Bestimmung zu prüfen, ob sie diesen Schutzzweck verfolgt. Davon ist auszugehen, wenn mit der Vorschrift ein sozialpolitisches Ziel angestrebt wird.[68] Gemessen hieran ist nicht zu leugnen, dass § 12 dem Indivi-

[66] Grundlegend Hopt, ZHR 141 (1977), 429, 431; Kübler, AG 1977, 85, 87 f.
[67] Kapitalmarktrecht, S. 1192 Rn. 8.174.
[68] Kübler, Gesellschaftsrecht, § 31 II 1, S. 392; ebs. Kümpel, Kapitalmarktrecht, S. 33.

dualanlegerschutz dient. Sieht die Vorschrift doch gerade einen Anspruch des einzelnen Aktionärs vor.[69]

d. Das Bedürfnis für eine besondere kapitalmarktrechtliche Haftung

Wie eingangs dargelegt sollte mit dem ursprünglich von der Bundesregierung geplanten Übernahmegesetz dem Umstand der stetig wachsenden Zahl von öffentlichen Übernahmeangeboten durch die Schaffung eines einheitlichen gesetzlichen Rahmens Rechnung getragen werden. Dieses im Gesetzgebungsverfahren in seinem Anwendungsbereich erheblich zum heutigen Wertpapiererwerbs- und Übernahmegesetz erweiterte Gesetz musste nicht nur das Funktionieren des Kapitalmarkts als solchem sicherstellen, sondern darüber hinaus Regelungen dafür enthalten, dass sich die Veröffentlichung, mit der sich der Bieter an das Anlegerpublikum wendet, als unrichtig herausstellt.

Ohne eine entsprechende, dieses Verhalten (Veröffentlichung einer fehlerhaften Angebotsunterlage) sanktionierende Vorschrift hätte das mit den objektiv-rechtlichen Regelungen verfolgte Ziel, das Funktionieren des Kapitalmarkts zu gewährleisten, gedroht unterlaufen zu werden, ebenso wie es vermutlich weite Teile des Anlegerpublikums vom Kapitalmarkt ferngehalten hätte, wenn es hätte befürchten müssen, sanktionslos übervorteilt zu werden.

Diesen beiden Gefahren entgegen zuwirken, dient die Schaffung von § 12. Insoweit liegt ein Gleichlauf des Zwecks mit anderen kapitalmarktrechtlichen Haftungsvorschriften vor.

[69] In diesem Sinne auch Huber (Haftung, S. 74 ff.), die § 12 als ex-post anlegerschützend einordnet und die Vorschrift damit dem ex-ante Anlegerschutz (z.B. gem. §§ 10 Abs. 1 Satz 1, 14 Abs. 2 Satz 1 und 11 i.V.m. § 2 WpÜG-AVO) gegenüberstellt.

II. Die Rechtsnatur des Anspruchs gem. § 12 Abs. 1

1. Die Bedeutung der Rechtsnatur eines Anspruchs

Die dogmatische Einordnung eines Rechtsanspruchs hat für seine gerichtliche Geltendmachung kaum Bedeutung.[70] Für die Auslegung der meisten Tatbestandsmerkmale ist sie nicht unmittelbar ergiebig. So können viele der im weiteren zu erörternden Zweifelsfragen nicht unter Rückgriff auf die rechtliche Einordnung des Anspruchs aus § 12 Abs. 1 beantwortet werden. Dennoch gibt es Bereiche, bei denen die rechtliche Qualifizierung eines Anspruchs hilfreich sein kann. Das gilt vornehmlich für Konkurrenzfragen.[71] Ist etwa ein spezialgesetzlicher Anspruch als deliktisch einzuordnen, so kann dieser Umstand als Argument für die Verdrängung der allgemeinen deliktsrechtlichen Haftungstatbestände herangezogen werden. Auch bei Fragen des Umfangs eines Schadensersatzanspruchs kann die dogmatische Qualifizierung von Bedeutung sein, wenn etwa der Umfang des deliktischen Schadensersatzanspruchs von dem des vertraglichen oder quasi-vertraglichen abweicht.[72]

2. Die Rechtsnatur des Anspruchs aus § 12 Abs. 1

Im folgenden soll die dogmatische Einordnung des Anspruchs aus § 12 Abs. 1 geklärt werden. Dabei wird zunächst auf die rechtliche Qualifikation des § 44 Abs. 1 BörsG, der bei der Schaffung des § 12 Abs. 1 eine Vorbildfunktion innehatte, eingegangen und der diesbezügliche Meinungsstand dargelegt. Im Anschluss daran wird zur rechtlichen Einordnung des § 12 Abs. 1 Stellung genommen.

a. Rechtliche Einordnung des § 44 Abs. 1 BörsG

Die dogmatische Qualifizierung des Anspruchs aus § 44 Abs. 1 BörsG ist seit dem Inkrafttreten des Börsengesetzes umstritten.[73] Daran hat auch dessen Novellierung durch das 3. Finanzmarktförderungsgesetz vom 24.2.1998[74] nichts zu ändern vermocht.[75] Im wesentlichen werden zur Rechtsnatur des Anspruchs drei Ansichten vertreten.

aa. Deliktischer Anspruch

Zum Teil[76] wird der Anspruch als deliktsrechtliche Haftung begriffen.[77] Dagegen wird jedoch vorgebracht, die Einordnung als besonderer deliktischer Anspruch sei systemwidrig, da das geltende Deliktsrecht primäre Vermögensschäden[78] nur unter den

---

[70] Vgl. hierzu für §§ 44, 45 BörsG: Hamann, in: Schäfer, WpHG/BörsG/VerkProspG, §§ 45, 46 BörsG a.F. Rn. 15 sowie Schwark, BörsG, §§ 45, 46 Rn. 4.
[71] Vgl. unten VII, S. 97.
[72] Vgl. unten V 1, S. 78.
[73] Vgl. im einzelnen die Nachweise bei Frohne, Prospektpflicht, S. 66.
[74] BGBl. I 1998, 529 ff.
[75] Siehe nur Groß, Kapitalmarktrecht, §§ 45, 46 BörsG Rn. 4.
[76] Assmann (Prospekthaftung, S. 377 Fn. 1) bezeichnet diese Ansicht als die überwiegende Meinung.
[77] Assmann, Prospekthaftung, S. 377 Fn. 1; Assmann/Schütze, Kapitalanlagerecht, § 7 Rn. 23.
[78] Allgemeine Meinung, vgl. z.B. BGHZ 27, 137, 140; BGH NJW 1978, 2031, 2032; Staudinger-Hager, BGB, § 823 Rn. B 192; Münchner Kommentar-Mertens, BGB, § 823 Rn. 466; Soergel-Zeuner, BGB, § 823 Rn. 47; Jauernig-Teichmann, BGB, § 823 Rn. 19.

Voraussetzungen einer Schutzgesetzverletzung gem. § 823 Abs. 2 BGB sowie einer vorsätzlichen sittenwidrigen Schädigung gem. § 826 BGB gewähre. Mit diesen Tatbeständen sei die Haftung aus den §§ 44 ff. BörsG jedoch weder in ihrer dogmatischen Struktur noch hinsichtlich ihres Unrechtsgehalts vergleichbar.[79] Diese Kritik hat Assmann[80] veranlasst, §§ 44, 45 BörsG als „deliktische Verkehrssicherungspflicht mit sonderprivatrechtlichen Haftungselementen" zu charakterisieren.

bb. Vertraglicher Anspruch

Insbesondere Köndgen[81] vertritt demgegenüber die Ansicht, bei § 44 BörsG handele es sich um einen vertraglichen Anspruch. Dem wurde entgegengehalten, dass § 44 BörsG a.F. den Besitzer des Wertpapiers als anspruchsberechtigt ansehe, es mithin auf das Bestehen eines Vertrages nicht ankäme.[82] Ob diesem Argument angesichts der Verwendung des Wortes „Erwerbers" in § 44 Abs. 1 BörsG seit der Neufassung des Börsengesetzes durch das 3. Finanzmarktförderungsgesetz noch Bedeutung zu kommt, erscheint mehr als fraglich. Des weiteren wird gegen die von Köndgen vertretene Vertragstheorie vorgebracht, dass sie nur mit einer Vielzahl von Modifikationen der allgemeinen Rechtsgeschäftslehre angewendet werden könne.[83] Das gelte insbesondere deshalb, weil es regelmäßig an einer vertraglichen Beziehung zwischen Emittent und Emissionsbegleiter einerseits und dem jeweiligen Erwerber der Wertpapiere andererseits fehle.[84]

cc. Anspruch aus einer kraft Gesetzes eintretenden Vertrauenshaftung

Die wohl herrschende Meinung ordnet die „zwischen Vertrag und Delikt stehende börsengesetzliche Prospekthaftung"[85] als eine kraft Gesetzes eintretende Vertrauenshaftung ein und verweist zur Begründung auf die Parallele zur allgemeinen zivilrechtlichen Prospekthaftung.[86] Dem Einwand, auch für diese dogmatische Qualifizierung fehle es am erforderlichen rechtsgeschäftlichen Kontakt, wird mit dem Hinweis darauf, dass bereits die Teilnahme am rechtsgeschäftlichen Verkehr die Vertrauenshaftung begründe, begegnet.[87] Schließlich beruft man sich auf § 45 Abs. 3 BörsG, der, indem er auf das Vorhandensein eines guten Glaubens abstellt, für eine Vertrauenshaftung spreche.[88]

---

[79] So zuerst Canaris, Bankvertragsrecht, Rn. 2276; ihm folgend Schwark, BörsG, §§ 45, 46 Rn. 3 ff., insbes. Rn. 5; Hamann, in: Schäfer, WpHG/BörsG/VerkProspG, §§ 45, 46 BörsG a.F. Rn. 16.
[80] Prospekthaftung, S. 377 Fn. 1.
[81] AG 1983, 85, 90.
[82] Hamann, in: Schäfer, WpHG/BörsG/VerkProspG, §§ 45, 46 BörsG a.F. Rn. 17; Canaris, Bankvertragsrecht, Rn. 2276.
[83] Schwark, BörsG, §§ 45, 46 Rn. 5.
[84] Hamann, in: Schäfer, WpHG/BörsG/VerkProspG, §§ 45, 46 BörsG a.F. Rn. 17.
[85] Schwark, BörsG, §§ 45, 46 Rn. 5.
[86] Groß, Kapitalmarktrecht, §§ 45, 46 BörsG Rn. 4; Canaris, Bankvertragsrecht, Rn. 2277; Hamann, in: Schäfer, WpHG/BörsG/VerkProspG, §§ 45, 46 BörsG a.F. Rn. 18; Schwark, BörsG, §§ 45, 46 Rn. 5; Kamlah, WM 1998, 1429, 1435; Coing, WM 1980, 206, 211.
[87] Canaris, Bankvertragsrecht, Rn. 2277.
[88] Hamann, in: Schäfer, WpHG/BörsG/VerkProspG, §§ 45, 46 BörsG a.F. Rn. 18.

b. Rechtliche Einordnung des § 12 Abs. 1

Im folgenden soll – auch unter Berücksichtigung der vorausgegangenen Ausführungen – versucht werden, die dogmatische Zuordnung des Anspruchs aus § 12 Abs. 1 zu klären. Ebenso wie beim börsengesetzlichen Prospekthaftungsanspruch kommen drei denkbare Möglichkeiten in Betracht: Delikts-, Vertrags- und Vertrauenshaftung kraft Gesetzes.

aa. § 12 Abs. 1 als deliktischer Anspruch ?

Gegen die Annahme, bei § 12 Abs. 1 handele es sich um einen deliktischen Anspruch, sprechen die bereits oben erwähnten[89] Gründe. Auch insoweit gilt also, dass der Ersatz von primären Vermögensschäden – wie ihn § 12 gewährt[90] – abgesehen von den Fällen der §§ 823 Abs. 2, 826 BGB nicht über das Deliktsrecht erlangt werden kann.

Darüber hinaus lässt sich § 12 Abs. 6 ein weiteres Argument gegen die Einordnung als Deliktsnorm entnehmen. Würde man nämlich § 12 Abs. 1 als einen besonderen Tatbestand der unerlaubten Handlung ansehen, dann würde dieser als lex specialis die §§ 823 Abs. 1, Abs. 2, 826 BGB verdrängen. § 12 Abs. 6 wäre damit z.T. bedeutungslos, da „weitergehende Ansprüche, die nach den Vorschriften der vorsätzlichen unerlaubten Handlungen erhoben werden können", aufgrund der Verdrängung durch § 12 Abs. 1 als lex specialis nicht denkbar sind.

§ 12 Abs. 1 ist daher nicht als deliktischer Anspruch einzuordnen.[91]

bb. § 12 Abs. 1 als vertragliche Haftung oder als kraft Gesetzes eintretende Vertrauenshaftung ?

Damit gilt es noch zu entscheiden, ob § 12 Abs. 1 eine Vertragshaftung oder eine kraft Gesetzes eintretende Vertrauenshaftung[92] darstellt. Letztere ist gegenüber der ersteren in dem Sinne „subsidiär", dass sie nur dort Anwendung finden kann, wo die Rechtsgeschäftslehre Schutzlücken offenlässt bzw. wo der Nachweis erbracht ist, dass die Funktionsfähigkeit der Privatautonomie ausgeschaltet oder doch wenigstens stark beeinträchtigt ist.[93]

Die weitgehende Parallele zwischen § 44 Abs. 1 BörsG und § 12 Abs. 1 könnte ohne weiteres zu der Annahme verleiten, auch bei § 12 Abs. 1 handele es sich um einen Fall einer kraft Gesetzes eintretenden Vertrauenshaftung. Ein derartiges Vorgehen würde jedoch möglicherweise die zwischen beiden Vorschriften bestehenden Unterschiede unberücksichtigt lassen.

---

[89] Siehe oben II 2 a aa, S. 17.
[90] Dazu unten V, S. 78.
[91] Für die Qualifizierung als deliktische Haftungsnorm (§ 12 als Schutzgesetz i.S.d. § 823 Abs. 2 BGB) ohne weitere Begründung: Renner, in: Haarmann, Öffentliche Übernahmeangebote, § 12 Rn. 9.
[92] KK-Möllers (§ 12 Rn. 3 ff.) spricht von einer "Haftung für die Verletzung vorvertraglicher Informationspflichten" und meint damit im Ergebnis ebenfalls eine Vertrauenshaftung.
[93] So wörtlich Köndgen, AG 1983, 85, 90 unter Hinweis auf Canaris, Die Vertrauenshaftung im deutschen Privatrecht, S. 491 ff.

Für eine Einordnung des § 12 Abs. 1 als Vertragsanspruch könnte sein Wortlaut sprechen. Denn dort heißt es, derjenige kann Schadensersatz verlangen, der das Angebot angenommen hat. Die Norm setzt also ein Angebot des Bieters und eine entsprechende Annahme[94] des Aktionärs der Zielgesellschaft voraus. Der Übertragung der Aktien liegt daher ein Vertrag zugrunde. Dieser könnte ein Argument für die Anwendung der Vertragstheorie sein.

Auch ein Vergleich des Wortlauts von § 12 Abs. 1 mit dem des § 44 Abs. 1 BörsG lässt Unterschiede erkennen, die zur Begründung einer unterschiedlichen rechtlichen Einordnung beider Haftungsnormen - § 12 Abs. 1 als Vertragshaftung einerseits und § 44 Abs. 1 BörsG als kraft Gesetzes eintretende Vertrauenshaftung andererseits – herangezogen werden können. Im Gegensatz zu § 12 Abs. 1, dessen Wortlaut auf einen Vertrag zwischen Bieter und Aktionär der Zielgesellschaft hinweist, spricht § 44 Abs. 1 BörsG vom „Erwerber der Wertpapiere". Da es auch dem Gesetzgeber des Wertpapiererwerbs- und Übernahmegesetzes möglich gewesen wäre, eine derartige neutrale, sachenrechtliche Formulierung zu wählen, - es hätte dann etwa heißen müssen, „der Empfänger der Gegenleistung" kann Schadensersatz verlangen –, ist daraus abzuleiten, dass er sich bewusst für den gewählten Gesetzestext entschieden hat.

Gegen die Anwendung der Vertragstheorie im Zusammenhang mit § 12 Abs. 1 kann – anders als bei § 44 Abs. 1 BörsG – nicht vorgebracht werden, dass es regelmäßig an einer vertraglichen Beziehung zwischen Bieter und Aktionär der Zielgesellschaft fehlt. Das Verhältnis zwischen diesen beiden Personen ist im Gegenteil gerade dadurch gekennzeichnet, dass der Aktionär der Zielgesellschaft das vom Bieter erklärte Angebot annimmt; mithin ein vertraglicher Kontakt besteht.

Obgleich hiernach viele Argumente für eine vertragliche Basis des Anspruchs aus § 12 Abs. 1 sprechen, gilt dies nicht uneingeschränkt. So lässt sich nicht leugnen, dass § 12 Abs. 3 Nr. 2 möglicherweise als Argument gegen die Vertragstheorie und damit für eine Vertrauenshaftung kraft Gesetzes herangezogen werden könnte. In § 12 Abs. 3 Nr. 2 heißt es, dass der Anspruch auf Schadensersatz entfällt, sofern derjenige, der das Angebot angenommen hat, die Unrichtigkeit oder Unvollständigkeit der Angaben der Angebotsunterlage bei der Abgabe der Annahmeerklärung kannte. In der Tat bedarf es eines Rückgriffs auf die Gutgläubigkeit regelmäßig nur im Bereich der Vertrauenshaftung. Andererseits sind auch vertraglichen Ansprüchen Fragen der Gutgläubigkeit – insbesondere unter dem Gesichtspunkt des venire contra factum proprium[95] – nicht völlig fremd.

Entscheidend dürfte letztlich für die Qualifizierung von § 12 Abs. 1 als kraft Gesetzes eintretende Vertrauenshaftung Absatz 6 der gleichen Vorschrift sprechen. Wenn es dort heißt, weitergehende Ansprüche, die nach den Vorschriften des bürgerlichen Rechts auf Grund von Verträgen (...) erhoben werden können, bleiben unberührt, kann das nur dahingehend verstanden werden, dass § 12 Abs. 1 selbst kein vertrag-

---

[94] Zum Begriff der „Annahme" vgl. ausführlich unten IV 3 a.

[95] Siehe dazu Münchner Kommentar-Roth, BGB, § 242 Rn. 322; Jauernig-Vollkommer, BGB, § 242 Rn. 48; ausführlich zu diesem Rechtsinstitut weiterhin: Singer, Das Verbot widersprüchlichen Verhaltens.

licher Anspruch ist.[96] Anderenfalls liefe der Hinweis auf parallele vertragliche Ansprüche leer.

cc. Ergebnis

Es ist daher festzustellen, dass der Anspruch aus § 12 Abs. 1 auf einer kraft Gesetzes eintretenden Vertrauenshaftung basiert.[97]

---

[96] Zum Konkurrenzverhältnis ausführlich unten VII.

[97] Zu diesem Ergebnis kommen auch Huber (Haftung, S. 94 ff.) und Möllers (in: KK, § 12 Rn. 5), die in § 12 einen Haftungstatbestand für in Anspruch genommenes typisiertes Vertrauen sehen.

III. Anwendungsbereich der Haftungsvorschrift

Die die Haftung für fehlerhafte Angebotsunterlagen regelnde Vorschrift des § 12 Abs. 1 trifft selbst keine ausdrückliche Aussage darüber, auf welche Angebotsunterlagen die Norm anwendbar ist. Der Anwendungsbereich von § 12 Abs. 1 ist daher sowohl in zeitlicher, räumlicher als auch in sachlicher Hinsicht unter Bezugnahme auf die sonstigen Vorschriften des Wertpapiererwerbs- und Übernahmegesetzes zu ermitteln. Nur soweit sich deren Anwendungsbereich erstreckt, vermag auch § 12 Abs. 1 Wirkung zu zeitigen.

1. Zeitlicher Anwendungsbereich

Der zeitliche Anwendungsbereich von § 12 WpÜG ergibt sich aus Art. 12 Satz 1 des Wertpapiererwerbs- und Unternehmensübernahmegesetz. Danach tritt dieses insgesamt aus 12 Artikeln bestehende vorbehaltlich des Satzes 2 am 1. Januar 2002 in Kraft. Gemäß Art. 12 Satz 2 treten die Vorschriften des Artikel 1, die zum Erlass von Rechtsverordnungen ermächtigen, am Tag nach der Verkündung in Kraft.

Ursprünglich fehlte es in Ergänzung zu Art. 12 an einer Übergangsregelung für vor dem 31.12.2001 eingeleitete Angebotsverfahren. Das ist im Gesetzgebungsverfahren vielfach kritisiert worden.[98] Häufig war diese Kritik mit Regelungsvorschlägen verbunden. So schlug z. B der Handelsrechtsausschuss des Deutschen Anwaltsvereins e.V. in seiner Stellungnahme zum Regierungsentwurf vor, die Vorschriften des WpÜG – und damit auch des § 12 – nicht auf Angebote zum Erwerb von Wertpapieren anzuwenden, wenn die Angebotsunterlage bereits vor dem 31.12.2001 erstellt und veröffentlicht worden ist. Hierdurch sollte erreicht werden, dass ein Bieter, der ein Angebot unter Beachtung des bis zum 31.12.2001 geltenden Rechts und des Übernahmekodexes – sofern er diesen anerkannt hatte – abgab, nicht nachträglich, d.h. ab dem 1.1.2002 gezwungen wird, die Erfordernisse des WpÜG zu erfüllen. Eine derartige Übergangsregelung hätte im übrigen im Einklang mit § 318 Satz 1 UmwG gestanden, der eine entsprechende Anordnung für bei Inkrafttreten des Umwandlungsgesetzes bereits eingeleitete Umwandlungen enthält.[99]

Der Gesetzgeber hat sich für eine diesem Vorschlag im wesentlichen folgende Lösung, die erstmals in der Beschlussempfehlung des Finanzausschusses vom 14. 11. 2001 für die Abstimmung im Bundestag enthalten war,[100] entschieden. In § 68 Abs. 2 findet sich nunmehr die Regelung, dass das WpÜG vorbehaltlich des Abs. 3 keine Anwendung findet auf Angebote, die vor dem 1. Januar 2002 veröffentlicht wurden. Gemäß Abs. 3 hat derjenige, der die Kontrolle über eine Zielgesellschaft nach dem 1.1.2002 auf Grund eines Angebots erlangt, das vor dem Inkrafttreten des Gesetzes veröffentlicht wurde, die Verpflichtungen des § 35 Abs. 1 Satz 1 oder Abs. 2 Satz 1 einzuhalten.

---

[98] Vgl. z.B. die Stellungnahme des Handelsrechtsausschuss des Deutschen Anwaltsvereins e.V. vom 28.9.2001 zum Regierungsentwurf des WpÜG, abrufbar unter www.rws-verlag.de/volltexte; auszugsweise auch abgedruckt in ZIP 2001, 1736 ff.

[99] Siehe zu dieser Vorschrift nur Lutter, Umwandlungsgesetz, § 318 Rn. 2 ff.

[100] Dazu oben S. 9 f. sowie BT-Drucks. 14/7477 ff.

Für die Haftungsvorschrift des § 12 folgt aus dieser Übergangsregelung, dass sie (nur) auf die nach dem 1. Januar 2002 veröffentlichten Angebote anzuwenden ist. § 68 Abs. 3 i.V.m. § 35 Abs. 1 Satz 1 und Abs. 2 Satz 1 sind insoweit unbeachtlich, beziehen sie sich doch nur auf die Pflicht, ein Pflichtangebot zu unterbreiten.

2. Räumlicher Anwendungsbereich

Der räumliche Anwendungsbereich des Wertpapiererwerbs- und Übernahmegesetzes ergibt sich aus § 1. Danach ist das Gesetz nur anzuwenden auf Angebote zum Erwerb von Wertpapieren, die von einer Zielgesellschaft ausgegeben wurden und zum Handel an einem organisierten Markt zugelassen sind. Unter Zielgesellschaften sind nach der Legaldefinition des § 2 Abs. 3 Aktiengesellschaften und Kommanditgesellschaften auf Aktien mit Sitz im Inland zu verstehen.

§ 1 stellt demnach zwei Voraussetzungen auf, die erfüllt sein müssen, damit der räumliche Anwendungsbereich des Wertpapiererwerbs- und Übernahmegesetzes eröffnet ist: zum einen muss ein Sitz im Inland, zum anderen eine Zulassung zum Handel an einem organisierten Markt existieren.

Unter Sitz im Sinne dieser Vorschrift ist entsprechend dem allgemeinen Begriffsverständnis des deutschen internationalen Prozessrechts der Verwaltungssitz zu verstehen.[101]

Eine Definition des Begriffs „organisierter Markt" findet sich in § 2 Abs. 7 WpÜG. Demzufolge sind sowohl der amtliche Handel und der geregelte Markt an einer Börse im Inland als auch der geregelte Markt im Sinne des Artikels 1 Nr. 13 der Richtlinie 93/22/EWG des Rates vom 10. Mai 1993 über Wertpapierdienstleistungen (ABl. EG Nr. L 141 S. 27) in einem anderen Staat des Europäischen Wirtschaftsraumes „organisierte Märkte" im Sinn von § 1. Dagegen stellt der Freiverkehrshandel nach § 78 BörsG i.V.m. den Richtlinien für den Freiverkehr bzw. den Freiverkehrsordnungen[102] keinen organisierten Markt in diesem Sinne dar. Zweifelhaft ist hingegen die Eingruppierung des (zwischenzeitlich abgeschafften) Neuen Marktes der Frankfurter Wertpapierbörse. Dieser wird von der herrschenden Meinung[103] als nicht dem geregelten Markt zugehörig angesehen, sondern stattdessen als eigenständiges Handelssegment im Rahmen des Freiverkehrs betrachtet. Dabei wird zur Begründung regelmäßig auf die Tatsache verwiesen, dass Unternehmen, die die Notierung am Neuen Markt anstreben, auf die Einführung am geregelten Markt verzichten, um so einer Doppelnotierung entgegen zu wirken. Das steht jedoch der Qualifizierung des Neuen Marktes als „organisiertem Markt" i.S.d. § 2 Abs. 7 nicht entgegen, da es insoweit lediglich auf die Zulassung zum geregelten Markt ankommt. Ob die Wertpapiere schließlich auch dort eingeführt werden, ist unerheblich.[104] Angesichts dessen

---

[101] von Hein, AG 2001, 213, 231.

[102] Dazu Schwark, NJW 1987, 2041, 2042.

[103] Potthoff/Stuhlfauth, WM 1997, Beil. 3 S. 1, 4; Ledermann, in: Schäfer, WpHG/BörsG/VerkProspG, Vor § 71 BörsG Rn. 4a.

[104] So im Ergebnis auch der Gesetzgeber (Amtliche Begründung, S. 61, 82), ohne jedoch hierfür eine Begründung zu liefern. Weiterhin: Oechsler, in: Ehricke, u.a., WpÜG, § 2 Rn. 20; KK-Versteegen, WpÜG, § 1 Rn. 34; a.A. Geibel/Süßmann-Angerer, § 1 Rn. 56.

stellte auch der Neue Markt bis zur Einstellung dieses Handelssegments einen „organisierten Markt" i.S.d. § 2 Abs. 7 dar.

Hinsichtlich der im Zuge der Änderung der Börsenordnung der Frankfurter Wertpapierbörse zum 1.1.2003 geschaffenen neuen Marktsegmente „Prime Standard" und „General Standard" ergeben sich keine Zweifel an der Zugehörigkeit zu einem organisierten Markt, da beide neuen Segmente jeweils eine Untergliederung des amtlichen und des geregelten Marktes darstellen.[105]

Bei dem Erwerb von Wertpapieren solcher Gesellschaften, deren Aktien nicht an einem organisierten Markt zugelassen sind, scheint der Gesetzgeber auf den privatautonomen Verhandlungsmechanismus zu vertrauen. Doch erscheint es überlegenswert, ob es nicht gerade bei diesen Gesellschaften angezeigt ist, das Wertpapiererwerbs- und Übernahmegesetz auf sie zu erstrecken, da insoweit mangels eines Marktes die Verkaufsmöglichkeiten für den einzelnen Anleger in noch stärkerem Maße fehlen.[106]

Die (Kommandit-)Aktien der Zielgesellschaft müssen nur zum Handel zugelassen sein, eine Einführung, d.h. die Aufnahme der ersten amtlichen Notierung der zugelassenen Wertpapiere an der Börse (§ 42 Abs. 1 HS. 1 BörsG), braucht noch nicht erfolgt zu sein. In den meisten Fällen wird jedoch eine Börsennotierung der Aktien vorliegen, da der Zeitraum zwischen Zulassung der Wertpapiere und deren Einführung gem. § 42 Abs. 4 BörsG nur drei Monate betragen darf. Möchte der Emittent die Wertpapiere erst zu einem späteren Zeitpunkt einführen, muss er vor Ablauf der Frist einen Verlängerungsantrag stellen. Andernfalls entfällt die Wirkung des Zulassungsbescheids von Gesetzes wegen. Eines zusätzlichen Verwaltungsakts bedarf es nicht.[107]

Indem § 1 darauf verzichtet, dass die Börsenzulassung und der Sitz in Deutschland zusammenfallen, findet das Wertpapiererwerbs- und Übernahmegesetz auch dann Anwendung, wenn die Wertpapiere einer Gesellschaft mit Sitz in Deutschland ausschließlich auf dem geregelten Markt eines anderen Mitgliedsstaats gehandelt werden. Damit stand die Vorschrift zum einen in Widerspruch zur kollisionsrechtlichen Regelung des im Jahre 2001 gescheiterten Entwurfs der Übernahme-Richtlinie. Dort enthielt Art. 4 Abs. 2 lit. a die Grundregel, dass für die Beaufsichtigung des Angebotsvorgangs das Aufsichtsorgan des Mitgliedstaates zuständig sein sollte, in dem die Zielgesellschaft ihren Sitz hat, wenn die Wertpapiere dieser Gesellschaft auf einem geregelten Markt dieses Mitgliedsstaates zum Handel zugelassen sind. Der Übernahme-Richtlinien-Entwurf ging also hinsichtlich der Aufsichtszuständigkeit von einer Parallelität zwischen Sitz- und Marktstaat aus. Ob das auch für das auf den Angebotsvorgang anzuwendende Sachrecht gelten sollte, regelte der Entwurf nicht ausdrücklich; davon wäre jedoch auszugehen gewesen, da sich aus einer Gesamtschau des Entwurfs der Übernahme-Richtlinie der allgemeine Grundsatz entnehmen

---

[105] Zu den Einzelheiten: Schlitt, AG 2003, 57, 59.
[106] Mülbert, ZIP 2001, 1221, 1227; hierzu auch Hahn, RIW, 2002, 741 ff.
[107] Hamann, in: Schäfer, WpHG/BörsG/VerkProspG, § 42 BörsG Rn. 15.

ließ, dass es in ihrem Anwendungsbereich zu einem Gleichlauf zwischen der Zuständigkeit des Aufsichtsorgans dem jeweils anwendbaren Recht kommen sollte.[108]

Neben diesem Widerspruch zum geplanten Gemeinschaftsrecht, der sich zunächst aufgrund des Scheiterns der Übernahme-Richtlinie erledigt hatte, jetzt jedoch durch den Ende 2003 gefundenen Kompromiss für die EU-Übernahmerichtlinie wieder Aktualität erlangt hat,[109] wirft die Regelung über den räumlichen Anwendungsbereich auch Schwierigkeiten in den Fällen auf, in denen EG-ausländische Staaten das Marktstatut als Anknüpfungspunkt für die Anwendbarkeit des Übernahmerechts gewählt haben. Hier droht z.B. eine Gesellschaft mit Sitz in Deutschland, die allein an einer Börse im EG-Ausland notiert ist, das Unterfallen unter die Vorschriften zweier Rechtsordnungen.[110] Gleichzeitig wird aber durch § 1 die Gefahr des Auftretens negativer Kompetenzkonflikte aufgrund des doppelten Anknüpfungspunktes heraufbeschworen. Zutreffend führt von Hein insoweit aus, dass dann, wenn ein Übernahmeangebot für eine Zielgesellschaft ohne Sitz in Deutschland abgegeben wird, deren Aktien jedoch nur an einer deutschen Börsen gehandelt werden, ein negativer Kompetenzkonflikt entstehen kann, weil der in einigen Mitgliedstaaten geforderte Gleichlauf von Sitz- und Marktstaat nicht gegeben ist, so dass sich weder der Sitz- noch der Marktstaat für zuständig halten.[111] Aus diesem Grunde kann sich dem von von Hein[112] gemachten Vorschlag, § 1 WpÜG einen zweiten Absatz[113] hinzuzufügen, der dieses Problem löst, nur angeschlossen werden. Es steht indes zu erwarten, dass der Gesetzgeber nach der endgültigen Verabschiedung der Übernahmerichtlinie den räumlichen Anwendungsbereich des WpÜG in Gänze neu fassen, d.h. richtlinienkonform ausgestalten wird.

3. Sachlicher Anwendungsbereich

Ebenfalls aus § 1 ist der sachliche Anwendungsbereich des Wertpapierwerbs- und Unternehmensübernahmegesetzes zu entnehmen. So ist das Gesetz nur auf Angebote zum Erwerb von Wertpapieren anzuwenden, die von einer Aktiengesellschaften und Kommanditgesellschaften auf Aktien mit Börsenzulassung ausgegeben wurden.

a. Angebote

Unter „Angeboten“ sind gemäß der Legaldefinition in § 2 Abs. 1 freiwillige und auf Grund einer Verpflichtung nach diesem Gesetz erfolgende öffentliche Kauf- oder Tauschangebote zum Erwerb von Wertpapieren der Zielgesellschaft zu verstehen.

---

[108] Ausführlich hierzu von Hein, AG 2001, 214, 231.
[109] Zu diesem Richtlinien-Entwurf: Krause, BB 2003, 113 ff.
[110] Vgl. hierzu Mülbert, ZIP 2001, 1221, 1228.
[111] Hierzu auch Hahn, RIW 2002, 741, 742.
[112] von Hein, AG 2001, 213, 231f.
[113] Nach Ansicht von von Hein sollte der einzufügende Absatz 2 wie folgt lauten: „Dieses Gesetz ist ferner dann anzuwenden, wenn die Aktien einer Gesellschaft ohne inländischen Sitz zum Handel an einem organisierten Markt im Inland zugelassen sind und entweder die Übernahmeregeln des Sitzstaates keine Anwendung verlangen oder dieser Staat über keine diesem Gesetz entsprechenden Bestimmungen verfügt.“ Damit entfiele dann auch das von Mülbert (ZIP 2001, 1221, 1229) geschilderte Problem.

aa. „Öffentliches“ Angebot

Mit dem Erfordernis eines „öffentlichen“ Angebots orientiert sich der Gesetzgeber des Wertpapiererwerbs- und Übernahmegesetzes an europarechtlichen Vorarbeiten ebenso wie an schon bestehenden Regelungen anderer Staaten, verzichtet aber angesichts der Vielgestaltigkeit möglicher Sachverhalte gleichfalls auf eine gesetzliche Definition, um so die ansonsten bestehende Gefahr von Umgehungsmöglichkeiten zu vermeiden.[114] Als Kriterien, die für die Beurteilung des Vorliegens eines öffentlichen Angebots herangezogen werden können, nennt der Gesetzgeber selbst die Anzahl der Personen, an die sich das Angebot richtet, die Ausgestaltung des Angebots (einseitig formuliert oder individuell ausgehandelt) oder die Ausgestaltung einzelner Bedingungen (Rücktrittsrecht bei Nichterreichen einer Annahmequote).[115] Zu einer Aufnahme dieser Kriterien in das Gesetz – etwa in Form von Regelbeispielen wie es z.B. der federführende Finanzausschuss, der Rechtsausschuss und der Wirtschaftsausschuss dem Bundesrat in ihrer Empfehlung zum Regierungsentwurf des WpÜG nahegelegt hatten – ist es indes nicht gekommen.

Erstmals Fleischer[116] hat darauf hingewiesen, dass der Begriff des „öffentlichen“ Angebots während des Gesetzgebungsverfahrens – anders als eine Vielzahl anderer Fragenbereiche – im Schrifttum nicht Gegenstand einer umfänglichen literarischen Erörterung war. Fleischer hat es sodann unternommen, einen der Schlüsselbegriffe des Wertpapiererwerbs- und Übernahmegesetzes näher zu untersuchen und ist dabei unter Einbeziehung der Entstehungsgeschichte des WpÜG,[117] der Heranziehung von Parallelbegriffen in anderen deutschen Kapitalmarktgesetzen (z.B. VerkProspG)[118] und der Durchführung einer rechtsvergleichenden Analyse mit den entsprechenden Vorschriften des österreichischen Übernahmegesetzes, des schweizerischen Gesetzes über die Börse und den Effektenhandel sowie des US-amerikanischen Williams Act von 1968[119] zu dem Ergebnis gelangt, dass allein ein funktionales Verständnis, welches gleichzeitig die Grundsätze der Anlegergleichbehandlung und der rationalen Transaktionsentscheidung berücksichtigt, für die Auslegung maßgeblich sein könne. Das führe zur Herausarbeitung von Einzelmerkmalen und letztlich zur Bildung von Fallgruppen.[120] Liege ein Angebot an einen größeren Personenkreis mittels öffentlich zugänglichen Medien vor, sei in der Regel von einem öffentlichen Angebot i.S.d. § 2 Abs. 1 WpÜG auszugehen. Gleiches habe aber auch bei privaten Angeboten an eine Mindestanzahl von Aktionären zu gelten, die z.B. einen wirtschaftlichen Verkaufsdruck erzeugen oder bei denen es dem einzelnen Anleger nicht möglich ist, sein Verhalten mit anderen Angebotsadressaten abzustimmen. Ein Angebot sei dagegen aufgrund der fehlenden Außenwirkung bei anonymen Zukäufen am Kapitalmarkt nicht öffentlich.

---

[114] Amtliche Begründung, S. 61, 79.
[115] Amtliche Begründung, S. 61, 79 f.
[116] ZIP 2001, 1653 ff.
[117] Fleischer, ZIP 2001, 1653 ff.
[118] Fleischer, ZIP 2001, 1653, 1654 f.
[119] Fleischer, ZIP 2001, 1653, 1655 ff.
[120] Fleischer, ZIP 2001, 1653, 1658 ff.

Im Nachgang zu den grundlegenden Ausführungen Fleischers hat es im Schrifttum eine lebhafte Debatte zum „öffentlichen Angebot" gegeben.[121] Dabei hat sich vor dem Hintergrund einer entsprechenden Anfrage der Siemens AG bei der BAFin als Hauptstreitpunkt herauskristallisiert, ob auch in einem öffentlichen Angebot zum Erwerb eigener Aktien ein öffentliches Angebot i.S.d. § 2 Abs. 1 liege, mithin dieses Angebot den Regeln des WpÜG unterfalle.[122]

Zu beachten ist indes, dass sich Probleme, die aus der Auslegung des Begriffs „Öffentliches Angebot" resultieren können, im Zusammenhang mit der Geltendmachung eines Schadensersatzanspruchs gem. § 12 in der Praxis nicht stellen dürften. Das fußt letztlich auf der Überlegung, dass Voraussetzung für einen Anspruch gem. § 12 die Unrichtigkeit bzw. Unvollständigkeit einer zuvor von der Bundesanstalt für Finanzdienstleistungsaufsicht (BAFin) übermittelten Angebotsunterlage ist (§ 14). Zu dieser Übermittlung der Angebotsunterlage an die BAFin kommt es jedoch nur, wenn entweder der Bieter selbst das von ihm unterbreitete Angebot als ein öffentliches einstuft und der BAFin freiwillig eine Angebotsunterlage zuleitet oder aber, sofern es Meinungsverschiedenheiten zwischen Bieter, Zielgesellschaft, BAFin oder auch Dritten über den Charakter des Angebots gibt, der Bieter – notfalls gerichtlich – zur Übermittlung der Angebotsunterlage an die BAFin gezwungen worden ist. In beiden Konstellationen ist jedenfalls vorab, d.h. im Vorfeld der Geltendmachung eines auf § 12 gestützten Schadensersatzanspruchs geklärt, ob die Richtigkeit und Vollständigkeit der Angebotsunterlage überhaupt an § 11 zu messen ist.

bb. „Freiwilliges" oder „Pflichtangebot"

Ein Angebot kann sowohl auf freiwilliger Basis als auch auf Grund einer Verpflichtung nach dem Wertpapiererwerbs- und Übernahmegesetz erfolgen. Im ersteren Fall kann das Angebot auf den Erwerb der Kontrolle der Zielgesellschaft gerichtet, d.h. als Übernahmeangebot ausgestaltet sein. Dann finden gemäß § 34 zusätzlich zu den auf alle freiwilligen Angebote anzuwendenden Vorschriften des 3. Abschnitts (§§ 10 ff.) die Vorschriften des 4. Abschnitts Anwendung (§§ 29 ff.).[123]

Die Verpflichtung zur Abgabe eines Angebots kann aus § 35 Abs. 2 resultieren, sofern der Bieter die Kontrolle über eine Zielgesellschaft erlangt hat. Folgt die Pflicht dagegen aus anderen Gesetzen (z.B. §§ 29, 207 UmwG, §§ 305, 320b AktG) liegt kein Angebot i.S.d. § 2 Abs. 1 vor.[124]

b. Wertpapiere

Wertpapiere sind, auch wenn für sie keine Urkunden ausgestellt sind, gemäß Nr. 1 Aktien, mit diesen vergleichbare Wertpapiere, Zertifikate, die Aktien vertreten, und gemäß Nr. 2 andere Wertpapiere, die den Erwerb von Aktien, mit diesen vergleichba-

---

[121] An dieser Stelle wird allein auf die Kommentierungen in den einschlägigen Kommentaren verwiesen, die jeweils zahlreiche Verweise auf weitere Stellungnahmen zu diesem Thema enthalten.
[122] Explizit zu dieser Frage: Baum, ZHR 2003, 580 ff.; Berrar/Schnorbus, ZGR 2003, 59 ff.; Lenz/Behnke, BKR 2003, 43 ff.; Lenz/Linke, AG 2002, 420 ff.; Baums/Stöcker, FS Wiedemann, S. 703 ff.; Koch, NZG 2003, 61 ff.; Süßmann, AG 2002, 424 ff.
[123] Amtliche Begründung, S. 61, 150.
[124] Amtliche Begründung, S. 61, 79 f.

ren Wertpapieren oder Zertifikaten, die Aktien vertreten, zum Gegenstand haben (§ 2 Abs. 2).

Von der in Nummer 1 genannten Aktie werden sowohl Stamm- als auch Vorzugsaktien erfasst. Aktien vergleichbar sind solche Wertpapiere, die ein Mitgliedschaftsrecht verkörpern (z.B. Zwischenscheine i.S.d. § 8 Abs. 6 AktG). Aktien vertretende Zertifikate sind beispielsweise Zertifikate, die die Handelbarkeit von Namensaktien ermöglichen sollen (z.B. American Depositary Receipts).[125]

Kennzeichnend für die in Nummer 2 genannten Wertpapiere ist – zumindest auch – ihr Recht, eine mitgliedschaftliche Rechtsposition, ggf. im Tausch gegen die Wertpapiere zu erlangen. Erfasst werden daher insbesondere Optionsanleihen und Wandelschuldverschreibungen, aber auch Optionsscheine, sofern letztere zum Bezug von Aktien berechtigen.[126]

c. Inländische Aktiengesellschaft oder Kommanditgesellschaft auf Aktien

Nur inländische Aktiengesellschaften oder Kommanditgesellschaften auf Aktien kommen als Zielgesellschaft im Sinn von § 2 Abs. 3 in Betracht. Beiden Gesellschaften ist gemeinsam, dass das Grundkapital in Aktien zerlegt ist und diese (verbrieften) Mitgliedschaftsrechte an einem organisierten Markt handelbar sind.

Der Einschluss der Kommanditgesellschaft auf Aktien als möglicher Rechtsform einer Zielgesellschaft ist nicht neu. Die Kommanditgesellschaft auf Aktien wurde bereits vom Übernahmekodex der Börsensachverständigenkommission beim Bundesministerium der Finanzen[127] erfasst.

4. Schlussfolgerung

Zusammenfassend ist damit nochmals festzuhalten, dass sich der Anwendungsbereich von § 12 nur ebenso weit zu erstrecken vermag wie das gesamte WpÜG Geltung beanspruchen kann.

---

[125] Amtliche Begründung, S. 61, 80.

[126] Amtliche Begründung, S. 61, 80.

[127] Vgl. Übernahmekodex unter dem Stichwort „Begriffsbestimmung: Zielgesellschaft". Der Übernahmekodex selbst sowie ergänzende Informationen zu ihm sind unter www.kodex.de abrufbar.

IV. Tatbestand

1. Haftungsobjekt

a. Angebotsunterlage

aa. Begriff

Gegenstand der normierten Haftung ist die Angebotsunterlage. Sie ist der Anknüpfungspunkt für jedwede Haftung nach § 12 Abs. 1. Unter einer Angebotsunterlage ist gemäß der Legaldefinition des § 11 Abs. 1 Satz 1 eine Unterlage über das Angebot zu verstehen. Inhalt der Unterlage muss also ein freiwilliges oder auf Grund einer Verpflichtung nach dem Wertpapiererwerbs- und Übernahmegesetz erfolgendes öffentliches Kauf- oder Tauschangebot zum Erwerb von Wertpapieren der Zielgesellschaft sein, § 2 Abs. 1.

Mit der Definierung des Begriffs Angebotsunterlage im Wertpapiererwerbs- und Übernahmegesetz weicht der Gesetzgeber von seinem Vorgehen im Zusammenhang mit der Neuregelung anderer kapitalmarktrechtlichen Vorschriften ab. Das gilt insbesondere für die für § 12 Abs. 1 Vorbildwirkung entfaltende Novellierung der börsengesetzlichen Prospekthaftung durch das 3. Finanzmarktförderungsgesetz aus dem Jahre 1998. Dort beinhalten weder das Börsengesetz selbst noch andere Gesetze oder Verordnungen eine Legaldefinition des zentralen Begriffs „Börsenzulassungsprospekt“.

Die im Wertpapiererwerbs- und Übernahmegesetz enthaltene Definition des Begriffs Angebotsunterlage ist zu begrüßen, sorgt sie doch, indem nicht wie im Börsenrecht auf eine „gesetzliche Umschreibung“ zurückgegriffen werden muss, für Rechtsklarheit.

bb. Unerheblichkeit des Anlasses für die Unterbreitung des Angebots

Im Hinblick auf eine mögliche Haftung wegen einer unrichtigen Angebotsunterlage ist es unerheblich, ob das in der Unterlage enthaltene Angebot allgemein zum Erwerb von Wertpapieren gedacht war (§§ 10 ff.), ob es der Unterbreitung eines Übernahmeangebots (§§ 29 ff.) oder gar eines Pflichtangebots (§§ 35 ff.) diente. Maßgeblich ist allein, dass es zur Abgabe eines öffentlichen Angebots (§ 2 Abs. 1) gekommen ist und die bisherigen Inhaber der Wertpapiere aufgrund dieses Angebots ihre Entscheidung getroffen haben.

cc. Veröffentlichung einer Angebotsunterlage trotz Nichtbestehens einer Pflicht

Aus dem gleichen Grunde ist es für eine eventuelle Haftung irrelevant, ob eine Angebotsunterlage erstellt worden ist, obwohl hierzu keine Pflicht bestand.[128]

---

[128] So auch Groß (AG 1999, 199) für den Fall, dass trotz Nichtbestehens einer Prospektpflicht ein Prospekt veröffentlicht wird.

Abweichend von der nach § 11 bestehenden Pflicht, eine Angebotsunterlage zu erstellen und zu veröffentlichen, sehen sowohl § 35 Abs. 2 Satz 3 als auch § 37 Abs. 1 für Pflichtangebote die Möglichkeit vor, den Bieter von der Verpflichtung zur Veröffentlichung und zur Abgabe des Angebots befreien zu lassen. Während § 35 Abs. 2 Satz 3 die Fälle eigener Aktien der Zielgesellschaft, Aktien der Zielgesellschaft, die einem abhängigen oder im Mehrheitsbesitz stehenden Unternehmen der Zielgesellschaft gehören, und Aktien der Zielgesellschaft, die einem Dritten gehören, jedoch für Rechnung der Zielgesellschaft, eines abhängigen oder eines im Mehrheitsbesitz stehenden Unternehmen der Zielgesellschaft gehalten werden, betrifft, ermöglicht es § 37 Abs. 1 der Bundesanstalt für Finanzdienstleistungsaufsicht auf Grund einer Ermessensentscheidung unter bestimmten Voraussetzungen eine Befreiung von der Pflicht zur Veröffentlichung und zur Abgabe eines Angebots zu erteilen. Eine Befreiung kommt danach auf schriftlichen Antrag des Bieters in Betracht, sofern dies im Hinblick auf die Art der Erlangung, die mit der Erlangung der Kontrolle beabsichtigte Zielsetzung, ein nach der Erlangung erfolgendes Unterschreiten der Kontrollschwelle, den Beteiligungsverhältnissen an der Zielgesellschaft oder der tatsächlichen Möglichkeit zur Ausübung der Kontrolle unter Berücksichtigung der Interessen des Antragstellers und der Inhaber der Aktien der Zielgesellschaft gerechtfertigt erscheint, § 37 Abs. 1.

Weitere Möglichkeiten, die zu einer Befreiung der in § 11 geregelten Pflicht zur Erstellung einer Angebotsunterlage führen können, enthält § 9 WpÜVO.

dd. Veröffentlichung einer nicht durch die BAFin gebilligten Angebotsunterlage

Wird eine Angebotsunterlage veröffentlicht, die nicht von der BAFin gebilligt worden ist, so vermag § 12 als Haftungsmaßstab analog herangezogen zu werden, da sich die Vorschrift – entgegen der Ansicht von Assmann[129] – nicht die immanente Voraussetzung der Billigung durch die BAFin entnehmen lässt.[130] Wollte man der Gegenansicht folgen, die eine Verengung des Anwendungsbereichs von § 12 zu Lasten der Anleger zur Konsequenz hätte, bliebe nur der Verweis auf die bürgerlichrechtliche Prospekthaftung mit all ihren gegenüber der spezialgesetzlich gesetzlich geregelten Haftung verbundenen Nachteilen (z.B. Beweislast). Dem kann nicht überzeugend die Weitergeltung der Haftungsprivilegierung nach § 12 Abs. 2 entgegengehalten werden, da die Anwendung der §§ 280 Abs. 1 Satz 1, 241 Abs. 2, 311 Abs. 2 BGB mit deutlich mehr Nachteilen für den Geschädigten verbunden ist.

Ebenso, d.h. im Sinne einer Analogie zu § 12 ist übrigens meines Erachtens zu entscheiden, wenn es erst nach der Veröffentlichung der Angebotsunterlage zu deren Billigung durch die BAFin kommt.[131]

---

[129] AG 2002, 153 f.
[130] In diesem Sinn wohl ebs. Groß (Kapitalmarktrecht, § 13 VerkProspG Fn. 5) für § 13 VerkProspG; ausdrücklich Huber, Haftung, S. 100; Zschocke/Schuster-Rahlf, Handbuch, S. 100.
[131] AA: Assmann, AG 2002, 153 f.; wie hier: KK-Möllers, § 12 Rn. 75.

ee. Weitere Veröffentlichungen im Zusammenhang mit Veröffentlichung der Angebotsunterlage

Aus der Aussage, dass nur eine Angebotsunterlage gem. § 11 Abs. 1 als mögliches Haftungsobjekt in Betracht kommt, ist zugleich zu entnehmen, dass § 12 Abs. 1 auf andere im Zusammenhang mit dem Erwerb von Wertpapieren einer Aktiengesellschaft oder Kommanditgesellschaft auf Aktien veröffentlichte Erklärungen grundsätzlich nicht angewandt werden kann. Das gilt insbesondere für Werbeveröffentlichungen.[132] Für diese Erklärungen kommt allenfalls eine Haftung entsprechend den Grundsätzen der allgemeinen zivilrechtlichen Prospekthaftung oder nach deliktsrechtlichen Vorschriften in Betracht.[133]

Eine Ausnahme vom grundsätzlichen Verbot, § 12 Abs. 1 auch auf andere Veröffentlichungen anzuwenden, ist für eine Berichtigung i.S.d. § 12 Abs. 3 Nr. 3 zu machen.[134] Ist also vor der Annahme des Angebots in einer Veröffentlichung gem. § 15 Abs. 2 bis 4 WpHG oder einer vergleichbaren Bekanntmachung die zunächst fehlerhafte Angebotsunterlage berichtigt worden und erweist sich die Berichtigung selbst als unrichtig oder unvollständig, so kann ausnahmsweise auch sie Gegenstand einer Haftung gem. § 12 Abs. 1 werden.[135] Maßstab für die Beurteilung der Fehlerhaftigkeit der Berichtigung bildet insoweit § 11. Gleiches dürfte im Übrigen dann gelten, wenn der Bieter eine Aktualisierung der Angebotsunterlage vornimmt und sich diese als fehlerhaft erweist. Unterlässt der Bieter demgegenüber eine an sich gebotene Aktualisierung, so haftet er aus culpa in contrahendo, also sogar für leichte Fahrlässigkeit.[136]

Eine weitere Ausnahme von dem Grundsatz, dass § 12 nur für die Angebotsunterlage selbst gilt, stellt § 21 Abs. 3 dar, wonach im Falle einer Änderung des Angebots für die gem. § 21 Abs. 2 vorzunehmende Veröffentlichung entsprechend gilt (§ 21 Abs. 3).

Fraglich ist demgegenüber, inwieweit auch Stellungnahmen von Vorstands- bzw. Aufsichtsratsmitgliedern der Zielgesellschaft, die diese nach § 27 Abs. 1 zwingend abzugeben haben, der Haftung nach § 12 unterliegen. Eine unmittelbare Anwendung der Norm scheidet von vornherein aus. Aber auch eine Analogie der Vorschrift ist nach hiesiger Auffassung nicht zu befürworten.[137] Stattdessen ist – im Gleichlauf zu haftungsrechtlichen Konstellationen im Rahmen von § 33 – auf § 823 Abs. 2 BGB als Anspruchsgrundlage zurückzugreifen. § 27 ist demnach als Schutzgesetz i.S.d. dieser Vorschrift zu verstehen.[138]

---

[132] Ebenso Assmann, AG 2002, 153 daselbst: „Andere Veröffentlichungen ... sind der Haftung nach § 12 entzogen." Hierfür streitet auch § 28, dem entnommen werden kann, dass der Gesetzgeber sehr wohl zwischen dem Angebot und der dieses begleitenden Werbung unterscheiden wollte (hierzu: KK-Möllers, § 12 Rn. 24).

[133] So auch KK-Möllers (§ 12 Rn. 24) unter Beschränkung auf den Anspruch gemäß den Grundsätzen der allgemeinen zivilrechtlichen Prospekthaftung.

[134] Zur Berichtigung vgl. ausführlich IV 6 c.

[135] KK-Möllers, § 12 Rn. 129.

[136] Oechsler, ZIP 1330, 1331; der., in: Ehricke, u.a., § 12 Rn. 2.

[137] Ebs. Geibel/Süßmann-Schwennicke, § 27 Rn. 51.

[138] Wie hier: Ekkenga, in: Ehricke, u.a., § 27 Rn. 44 m.w.N.; a.A. Geibel/Süßmann-Schwennicke, § 27 Rn. 47 ff.

b. Abfassung der Angebotsunterlage

Die Angebotsunterlage muss in deutscher Sprache und in einer Form abgefasst sein, die ihr Verständnis und ihre Auswertung erleichtert, § 11 Abs. 1 Satz 4.

aa. Sprache

Die Festlegung der Pflicht, die Angebotsunterlage in deutscher Sprache zu veröffentlichen, vermag nicht vollends zu überzeugen.

Sie steht zunächst im Einklang mit anderen kapitalmarktrechtlichen Vorschriften neueren Datums, die sich mit Publizitätspflichten beschäftigen. So sieht z.B. § 13 Abs. 1 Satz 2 BörsZulVO vor, dass ein Börsenzulassungsprospekt in deutscher Sprache abgefasst sein muss. Von diesem Grundsatz kann die Zulassungsstelle jedoch abweichen und gestatten, dass der Prospekt von Emittenten mit Sitz im Ausland ganz oder zum Teil in einer anderen Sprache abgefasst wird, wenn diese Sprache im Inland auf dem Gebiet des grenzüberschreitenden Wertpapierhandels nicht unüblich ist (§ 13 Abs. 1 Satz 3 BörsZulVO). Nach Ansicht mancher[139] soll das der Zulassungsstelle in § 13 Abs. 1 Satz 3 BörsZulVO eingeräumte Ermessen sogar auf Null schrumpfen, wenn die übrigen Voraussetzungen vorliegen, da es dann an einem Grund für die Zurückweisung eines den deutschen Vorschriften genügenden Prospekts mangeln soll.

Das Fehlen einer § 13 Abs. 1 Satz 3 BörsZulVO vergleichbaren Ausnahme für die Angebotsunterlage ist bedauerlich. Auch im Recht des Wertpapiererwerbs und der Unternehmensübernahmen kann es angezeigt sein, eine fremdsprachliche Angebotsunterlage zu genehmigen. Dieser Fall kann insbesondere eintreten, wenn die Zielgesellschaft zwar in Deutschland ihren Sitz hat, ihre Aktien aber an einem organisierten Markt außerhalb Deutschlands gehandelt werden. Wenn weiterhin noch der Großteil der Arbeitnehmer, deren Schutz durch Information die Angebotsunterlage auch dienen soll,[140] nicht in Deutschland - also am Sitz der Zielgesellschaft - beschäftigt wird, ist kein sachlicher Grund ersichtlich, weshalb die Angebotsunterlage nicht auch in einer anderen Sprache, die auf dem Gebiet des grenzüberschreitenden Wertpapierhandels nicht unüblich ist – also in Englisch – abgefasst werden können soll. Überhaupt erscheint es infolge der zunehmenden Globalisierung der Weltwirtschaft und der stetig steigenden internationalen Verflechtung der Kapitalmärkte nur noch eine Frage der Zeit, wann sämtliche kapitalmarktrechtlich relevanten Informationen auch in englischer Sprache verbreitet werden können. Wenn dagegen der Gesetzgeber sein Festhalten am Erfordernis der Abfassung in deutscher Sprache mit den Interessen der Wertpapierinhaber der deutschen Zielgesellschaft und ihrer Arbeitnehmer zu begründen versucht,[141] wird nicht hinreichend die Internationalität sowohl der Adressaten der Angebotsunterlage auch der Arbeitnehmer der Zielgesellschaft berücksichtigt.

---

[139] Hamann, in: Schäfer, WpHG/BörsG/VerkProspG, § 40 BörsG Rn. 7.
[140] Vgl. Amtliche Begründung, S. 61, 100.
[141] Amtliche Begründung, S. 61, 100.

bb. Maßgeblicher Adressatenhorizont

Die Forderung des Gesetzgebers, die Form der Angebotsunterlage müsse ihr Verständnis und ihre Auswertung erleichtern, basiert auf den gleichlautenden Regelungen in § 13 Abs. 1 Satz 2 BörsZulVO für Börsenzulassungsprospekte und in § 2 Abs. 1 Satz 3 VerkProspVO für Verkaufsprospekte.

Mit dieser Formulierung ist die Frage verbunden, welchem Anlegerhorizont die der Information dienende Angebotsunterlage gerecht werden muss. Ob eine Angebotsunterlage als unrichtig oder unvollständig[142] anzusehen ist, hängt eng damit zusammen, ob die Adressaten des Angebots (§ 2 Abs. 1) den Inhalt der Angebotsunterlage – unterstellt er sei richtig – überhaupt verstehen konnten. Das bedeutet, dass eine inhaltlich richtige Angebotsunterlage nur deshalb unrichtig i.S.d. § 12 Abs. 1 sein kann, weil sie für die Adressaten des Angebots nicht verständlich ist.

Den Adressatenhorizont gilt es nur anhand des Verständnishorizonts der Adressaten des Angebots, also den Aktionären der Zielgesellschaft zu bestimmen.[143] Auch wenn die Angebotsunterlage, wie sich aus der Amtlichen Begründung zu § 11 Abs. 1 ergibt,[144] daneben zusätzlich der Information der Arbeitnehmer der Zielgesellschaft sowie der Öffentlichkeit dienen soll, so haben beide bei der Bestimmung der Verständnismöglichkeit unberücksichtigt zu bleiben. Das gilt deshalb, weil andernfalls zum einen das Bildungsniveau der Arbeitnehmer der Zielgesellschaft oder das Bildungsniveau der Öffentlichkeit über die Richtigkeit der Angebotsunterlage entscheiden würde. Zum anderen muss bedacht werden, dass beide nicht als mögliche Inhaber eines Schadensersatzanspruchs in Betracht kommen, wenn sie nicht gleichzeitig Aktionäre der von einem öffentlichen Angebot betroffenen Zielgesellschaft sind.

Für den Bereich der Börsenprospekthaftung hat der BGH in seiner insoweit grundlegenden „Beton- und Monierbau" – Entscheidung[145] dargelegt, dass es auf einen durchschnittlichen Anleger ankommen soll, der zwar eine Bilanz zu lesen versteht, aber nicht unbedingt mit der in eingeweihten Kreisen gebräuchlichen Schlüsselsprache vertraut zu sein braucht.

Im Schrifttum ist dieses Anforderungsprofil der Rechtsprechung fast durchweg auf Kritik gestoßen.[146] Bereits der Ausgangspunkt – ein durchschnittlicher Anleger verstehe eine Bilanz zu lesen – sei realitätsfern.[147] Dem ist sich nicht nur für die Börsenprospekthaftung, sondern ebenfalls für die Haftung wegen einer fehlerhaften An-

---

[142] Zu den Begriffen „Unrichtigkeit" und „Unvollständigkeit" ausführlich siehe unter IV 2 c.

[143] Ebenso Assmann, AG 2002, 153, 155: „Angebotsadressaten".

[144] Amtliche Begründung, S. 61, 100.

[145] BGH, WM 1982, 862, 863 = NJW 1982, 2823, 2824 und seitdem ständige Rechtsprechung; vgl. weiterhin nur das OLG Frankfurt, ZIP 1994, 282, 284.

[146] Hamann, in: Schäfer, WpHG/BörsG/VerkProspG, §§ 45, 46 BörsG a.F. Rn. 84 m.w.N.; anders demgegenüber Hauptmann (in: Vortmann, Prospekthaftung und Anlageberatung, § 3 Rn. 62), der den Maßstab des bilanzkundigen Anlegers zum einen unter Hinweis auf § 21 BörsZulVO, zum anderen aber auch mit der Erwägung, dass die vom BGH angenommene Anlagestimmung von der Fachpresse und der professionellen Anlageberatung erzeugt werde, weshalb es nicht unbillig sei, ihm Bilanzkenntnisse zu unterstellen, für zutreffend hält.

[147] So wörtlich Hamann, in: Schäfer, WpHG/BörsG/VerkProspG, §§ 45, 46 BörsG a.F. Rn. 84.

gebotsunterlage anzuschließen. Die Angebotsunterlage muss auch für den durchschnittlichen Anleger ohne Bilanzkenntnisse verständlich sein.[148]

c. Notwendiger Inhalt der Angebotsunterlage

Die Angebotsunterlage muss die Angaben enthalten, die notwendig sind, um in Kenntnis der Sachlage über das Angebot entscheiden zu können, § 11 Abs. 1 Satz 2. Zu diesen Angaben zählen der Inhalt des Angebots und die ergänzenden Angaben, § 11 Abs. 2 Satz 1.

aa. Angaben über den Inhalt des Angebots

Angaben über den Inhalt des Übernahmeangebots sind gem. § 11 Abs. 2 Satz 2

- Name oder Firma und Anschrift oder Sitz sowie, wenn es sich um eine Gesellschaft handelt, die Rechtsform des Bieters (Nr. 1),

- Firma, Sitz und Rechtsform der Zielgesellschaft (Nr. 2),

- die Wertpapiere, die Gegenstand des Angebots sind (Nr. 3),

- Art und Höhe der für die Wertpapiere gebotenen Gegenleistung (Nr. 4),

- die Bedingungen, von denen die Wirksamkeit des Angebots abhängt, (Nr. 5) und

- der Beginn und das Ende der Annahmefrist (Nr. 6).

bb. Ergänzende Angaben

Zu den ergänzenden Angaben gem. § 11 Abs. 2 Satz 3 zählen insbesondere

- Angaben zu den notwendigen Maßnahmen, die sicher stellen, dass dem Bieter die zur vollständigen Erfüllung des Angebots notwendigen Mittel zur Verfügung stehen, und zu den erwarteten Auswirkungen eines erfolgreichen Angebots auf die Vermögens-, Finanz- und Ertragslage des Bieters (Nr.1),[149]

- Angaben über die Absichten des Bieters im Hinblick auf die künftige Geschäftstätigkeit der Zielgesellschaft, insbesondere den Sitz und den Standort wesentlicher Unternehmensteile, die Verwendung ihres Vermögens, ihre künftigen Verpflichtungen, die Arbeitnehmer und deren Vertretungen, die Mitglie-

[148] Zutreffend weist in diesem Zusammenhang Möllers (in: KK, § 12 Rn. 30 ff.) darauf hin, dass allein die Tatsache, dass sich das Angebot an Personen richtet, die bereits am Kapitalmarkt investiert sind (insoweit möglicherweise anders als bei der Börsenemission), nicht zu einer geringeren Schutzwürdigkeit der Anleger führt.
[149] Mit der Aufnahme der Pflicht eine Zukunftsprognose in der Angebotsunterlage abzugeben, hat der Gesetzgeber des Wertpapiererwerbs- und Übernahmegesetzes die im Zusammenhang mit der Erstellung eines Börsenprospekts bestehende Streitfrage darüber, ob derartige Aussagen zwingend erforderlich sind, ausdrücklich entschieden (dafür: Assmann, Kapitalmarktrecht, § 7 Rn. 88).

der ihrer Geschäftsführungsorgane und wesentliche Änderungen der Beschäftigungsbedingungen und die insoweit vorgesehenen Maßnahmen (Nr. 2),

- Angaben über Geldleistungen oder andere geldwerte Vorteile, die Vorstands- oder Aufsichtsratsmitgliedern der Zielgesellschaft gewährt oder in Aussicht gestellt werden (Nr. 3) und

- die Bestätigung nach § 13 Abs. 1 Satz 2 unter Angabe von Firma, Sitz und Rechtsform des Wertpapierdienstleistungsunternehmens (Nr.4).

cc. Weitere Angaben

Die Angebotsunterlage muss des weiteren Namen oder Firma und Anschrift oder Sitz sowie, wenn es sich bei dem Bieter um eine Gesellschaft handelt, die Rechtsform der Personen angeben, die für ihren Inhalt die Verantwortung übernehmen; sie muss eine Erklärung dieser Personen enthalten, dass ihres Wissens die Angaben richtig und keine wesentlichen Umstände ausgelassen sind (§ 11 Abs. 3).

Schließlich kann das Bundesministerium der Finanzen gemäß § 11 Abs. 4 durch Rechtsverordnung nähere Bestimmungen über die Gestaltung und die in die Angebotsunterlage aufzunehmenden Angaben erlassen (Nr. 1) und weitere ergänzende Angaben vorschreiben, soweit dies notwendig ist, um den Empfängern des Angebots ein zutreffendes und vollständiges Urteil über den Bieter, die mit ihm gemeinsam handelnden Personen und das Angebot zu ermöglichen (Nr. 2). Von dieser in § 11 Abs. 4 eingeräumten Möglichkeit hat das Bundesfinanzministerium durch die am 27.12.2001 erlassene „Verordnung über den Inhalt der Angebotsunterlage, die Gegenleistung bei Übernahmeangeboten und Pflichtangeboten und die Befreiung von der Verpflichtung zur Veröffentlichung und zur Abgabe eines Angebots [Wertpapiererwerbs- und Übernahmegesetz-Angebotsverord-nung]“[150] Gebrauch gemacht. Die hiernach ergänzend in die Angebotsunterlage aufzunehmenden Angaben finden sich in § 2 WpÜG-Angebotsverordnung.[151] Zu diesen ergänzenden Angaben zählen z.B. Ausführungen bzw. Hinweise

- zu der zur Berechnung der Gegenleistung angewandten Berechnungsmethode (Ziffer 3),

- zu den vom Empfänger des Angebots zu ergreifenden Maßnahmen, um das Angebot anzunehmen und um die Gegenleistung zu erhalten, sowie die damit verbundenen Kosten (Ziffer 4),

- zur Bestätigung i.S.d. § 13 Abs. 1 Satz 2 (Ziffer 5) und

---

[150] BGBl. I S. 4263 ff.

[151] Ob § 11 i.V.m. § 2 WpÜG-AVO abschließender Charakter zukommt, ist umstritten: einerseits Steinmeyer/Häger, § 12 Rn. 13 („Mindestangaben“), Assmann, AG 2002, 153, 156; Hamann, ZIP 2001, 2249, 2251; andererseits KK-Möllers, § 12 Rn. 41 ff. („abschließende Aufzählung“).

- zum Stand behördlicher Verfahren, soweit sie im Zusammenhang mit dem Erwerb der Wertpapiere der Zielgesellschaft stehen (Ziffer 9).

Auch wenn es insofern an einer ausdrücklichen Benennung fehlt, bedarf es – jedenfalls aufgrund von § 11 Abs. 1 Satz 1 – eines Hinweise auf eine aufschiebende Bedingung (z.B. wegen Erreichens einer bestimmten Beteiligungsquote) unter der das Angebot möglicherweise steht.[152] Hilfreich kann zudem die Angabe des Ortes sein, an dem das Umtauschangebot zu erfüllen ist.[153]

dd. Bewertung

(1) Die Wortwahl des Gesetzgebers in § 11 Abs. 2, wo einerseits von „Angaben über den Inhalt des Übernahmeangebots" und andererseits von „ergänzenden Angaben" die Rede ist, erscheint wenig geglückt. Insoweit hätte sich angeboten, für eine bessere begriffliche Unterscheidbarkeit der beiden Arten von Angaben zu sorgen.[154]

(2) Die sehr umfangreiche Aufzählung der „ergänzenden Angaben" in § 11 Abs. 2 Satz 3 i.V.m. § 2 WpÜVO trägt zum einen zur Rechtssicherheit bei, lässt aber andererseits noch Platz für (gerichtlichen) Entscheidungsspielraum. Das soll nachfolgend an zwei Fällen exemplarisch dargelegt werden, wobei auf die ergangene Judikatur der österreichischen Übernahmekommission Bezug genommen wird.

(aa) Nach deutschem Recht ist es – im Gegensatz zum österreichischen Recht, wo diese Frage eine Entscheidung der Übernahmekommission[155] erforderlich machte, – z.B. nicht zweifelhaft, dass in der Angebotsunterlage nicht nur der Bieter namentlich genannt werden muss, sondern auch die mit dem Bieter gemeinsam handelnden Personen sowie die Personen, deren Stimmrecht aus Aktien der Zielgesellschaft dem Bieter zuzurechnen sind (§ 2 Nr. 1 WpÜVO).

Mit dem Bieter gemeinsam handelnde Personen sind gem. § 2 Abs. 5 natürliche oder juristische Personen, die ihr Verhalten in Bezug auf die Zielgesellschaft im Hinblick auf den Erwerb von Wertpapieren der Zielgesellschaft oder ihre Ausübung von Stimmrechten aus Aktien der Zielgesellschaft mit dem Bieter aufgrund einer Vereinbarung oder in sonstiger Weise abstimmen; Tochterunternehmen des Bieters gelten als mit diesem gemeinsam handelnde Personen. Auch wenn hiernach (alle) Tochtergesellschaften des Bieters als gemeinsam handelnde Personen fingiert werden, muss im Hinblick auf § 2 Nr. 1 WpÜVO davon ausgegangen werden, dass nicht sämtliche Tochtergesellschaft aufgeführt zu werden brauchen. Statt dessen sind nur diejenigen Tochterunternehmen zu benennen, die im Zusammenhang mit dem Übernahmeangebot relevant sind, also Wertpapiere der Zielgesellschaft halten. Andern-

---

[152] Vgl. hierzu auf Seite 15 der Angebotsunterlage der DePfa Holding plc. für das an die Aktionäre der DePfa Deutsche Pfandbriefbank AG gerichtete öffentliche Umtauschangebot vom 16. Januar 2002. Dieses Angebot war das erste öffentliche Angebot, das nach den Vorschriften des WpÜG abgewickelt wurde.

[153] Vgl. vorherige Fußnote sowie Seite 16 der Angebotsunterlage der DePfa Holding plc. Diese Angebotsunterlage enthielt darüber hinaus noch zahlreiche – sehr ausführliche – Angaben zur Durchführung des Umtauschangebots (Seite 16 ff.)

[154] Hierzu ebenfalls kritisch Land/Hasselbach, DB 2000, 1747, 1750 Fn. 33.

[155] Veröffentlicht ist die Stellungnahme in GZ 1999/2/1-8 und unter www.takeover.at.

falls stünde zu befürchten, dass sich die Angebotsunterlage aufgrund der Vielzahl von Tochtergesellschaften zu einem „Friedhof der Informationen"[156] entwickeln würde.

Aus dem zweiten Halbsatz von § 2 Abs. 5 ist im Umkehrschluss zu entnehmen, dass Mutter- und Schwestergesellschaften des Bieters nicht als gemeinsam handelnde Personen fingiert werden. Statt dessen sind die Voraussetzungen des Halbsatzes 1 zu prüfen. Diese werden regelmäßig gegeben sein, wenn auch Mutter- bzw. Schwestergesellschaft Wertpapiere der Zielgesellschaft besitzen. Dann sind sie ebenfalls in der Angebotsunterlage aufzuführen.

(bb) In Österreich hat sich des weiteren § 7 Ziffer 2 öÜbG als problematisch erwiesen, der Angaben über mittelbare und unmittelbare Beteiligungen i.S.v. §§ 91 ff. ö-BörsG fordert. Insoweit galt es durch die Übernahmekommission zu entscheiden, wie detailliert diese Angaben sein müssen.[157] In Deutschland folgt aus § 2 Nr. 2 WpÜVO i.V.m. § 7 VerkProspG für den Fall, dass Wertpapiere als Gegenleistung für den Erwerb der Aktien geboten werden, eine vergleichbare Pflicht des Bieters, Angaben über Aktionäre zu machen, die unmittelbar oder mittelbar eine beherrschenden Einfluss ausüben können. Auch insoweit kann sich die Frage stellen, wie präzise die Angaben ausfallen müssen, ob bspw. mehrere unmittelbar beteiligte Gesellschafter neben dem mittelbaren Gesellschafter aufgeführt werden müssen, wenn die unmittelbaren vom mittelbaren Gesellschafter beherrscht werden.

d. Unzulässiger Inhalt der Angebotsunterlage

Neben der sehr ausführlichen Regelung, welchen Inhalt die Angebotsunterlage notwendigerweise haben muss, normiert das Wertpapiererwerbs- und Übernahmegesetz auch, welchen Inhalt die Angebotsunterlage keinesfalls haben darf.

aa. Kein verbindliches Angebot und auflösbare Angebote

Angebote zum Erwerb von Wertpapieren lösen in aller Regel gravierende Folgen für das Zielunternehmen, dessen Management und die Aktionäre der Zielgesellschaft aus. Das Wertpapiererwerbs- und Übernahmegesetz versucht, durch verschiedene Regelungen diese einschneidenden Wirkungen zu mildern. Auch wenn sich dadurch eine Beeinträchtigung des Zielunternehmens nicht gänzlich vermeiden lässt, soll doch dessen unangemessene Behinderung ausgeschlossen werden.

Gemeinsam ist sämtlichen diesbezüglich vorgesehenen gesetzlichen Maßnahmen, dass durch sie Angebote zum Erwerb von Wertpapieren unterbunden werden sollen, an die der Bieter nicht gebunden ist bzw. deren Bindung er ohne weiteres lösen kann.[158]

---

[156] So Hopt für den Börsenzulassungsprospekt in: Verantwortlichkeiten der Banken bei Emissionen, Rn. 185.

[157] Vgl. dazu Winner/Gall, Wirtschaftsrechtliche Blätter 2000, S. 1, 4f. Die Stellungnahme der Übernahmekommission ist veröffentlicht in GZ 1999/2/4-18 sowie unter www.takeover.at.

[158] Amtliche Begründung, S. 61, 118.

(1) Unzulässigkeit der öffentlichen Aufforderung zur Abgabe von Angeboten

Nach § 17 ist eine öffentliche auf den Erwerb von Wertpapieren der Zielgesellschaft gerichtete Aufforderung des Bieters zur Abgabe von Angeboten durch die Inhaber der Wertpapiere unzulässig.

Mit dem in § 17 geregelten Verbot von als invitatio ad offerendum ausgestalteten Angeboten, d.h. solchen Angeboten, bei denen auf Seiten des Bieters noch kein Wille zu einer rechtlichen Bindung vorhanden ist, sollen die durch ein Angebot eintretenden Behinderungen der Zielgesellschaft auf ein Mindestmaß beschränkt und der Bieter zur Abgabe eines rechtlich verbindlichen Angebots gezwungen werden.[159]

(2) Bedingungen

Aus den oben[160] ausgeführten Gründen (Eintritt gravierender Folgen für alle auf Seiten der Zielgesellschaft beteiligten Personen) soll der Bieter grundsätzlich an sein Angebot gebunden sein. Demzufolge wird die Abgabe eines Angebots unter einer Bedingung nur unter engen Voraussetzungen zugelassen.

Gemäß § 18 Abs. 1 darf vorbehaltlich des § 25 ein Angebot nicht von Bedingungen abhängig gemacht werden, deren Eintritt der Bieter, mit ihm gemeinsam handelnde Personen oder deren Tochterunternehmen oder im Zusammenhang mit dem Angebot für diese Personen oder Unternehmen tätige Berater ausschließlich selbst herbeiführen können (sog. Potestativbedingungen).

(a) Grundsätzlich zulässige Bedingungen

Zulässig sind hiernach z.B. Bedingungen, die die Wirksamkeit des Angebots von noch ausstehenden kartellrechtlichen oder sonstigen behördlichen Entscheidungen abhängig machen[161] oder an das Erreichen einer bestimmten Beteiligungshöhe knüpfen.[162] Gleiches gilt, sofern die Wirksamkeit des Angebots davon abhängig gemacht wird, dass während des Verfahrens nicht bestimmte Änderungen bei der Zielgesellschaft herbeigeführt werden,[163] etwa die für den Bieter interessanten Unternehmensbestandteile veräußert werden.[164]

---

[159] Liebscher, ZIP 2001, 853, 861.
[160] Siehe dazu bereits die Einführung, S. 2 ff.
[161] Hierzu kürzlich Busch, AG 2002, 145, 146.
[162] Busch, AG 2002, 145, 146 f.
[163] Speziell zum Unterbleiben von Abwehrmaßnahmen: Busch, AG 2002, 145, 148 f.
[164] Eine solche Veräußerung wesentlicher Unternehmensbestandteile muss nicht gegen § 33 verstoßen. Ein Verstoß liegt beispielsweise nicht vor, wenn die Hauptversammlung, um den Erfolg eines Übernahmeangebots zu verhindern, den Vorstand vor der Veröffentlichung der Entscheidung zur Abgabe des Angebots zur Vornahme von Handlungen ermächtigt hat, die in die Zuständigkeit der Hauptversammlung fallen (§ 33 Abs. 2 Satz 1; vgl. des weiteren zu § 33 RegE-EpÜG Drygala, ZIP 2001, 1861 ff.). Zur Verteidigungstaktik der Veräußerung der Kronjuwelen (Crown Jewels) als Reaktion auf ein feindliches Übernahmeangebot ausführlich Peltzer, ZfgK 1986, 291 ff.; Hauschka/Roth, AG 1988, 181 ff.; Ebenroth/Daum, DB 1991, 1105 ff. (Teil I), 1157 ff. (Teil II), insbesondere 1158; Michalski, AG 1997, 152, 159 sowie jüngst Krause (AG 2002, 133 ff.) zur Prophylaxe gegen feindliche Übernahmeangebote.

(b) Ausnahmsweise zulässige Bedingungen

Ebenfalls ist – wie sich § 25 entnehmen lässt – eine Bedingung zulässig, nach der die Wirksamkeit des Angebots von der Zustimmung der Gesellschafterversammlung des Bieters abhängt. Damit soll dem Umstand Rechnung getragen werden, dass insbesondere bei Übernahmen der Bieter regelmäßig auf eine vorherige Einschaltung seiner Gesellschafterversammlung verzichtet, um den Erfolg des Angebots nicht durch vorzeitige Publizität zu gefährden.[165] Auch wenn der Bieter in diesen Fällen nach § 25 verpflichtet ist, einen entsprechenden Beschluss seiner Gesellschafterversammlung noch innerhalb der Annahmefrist herbeizuführen, um Klarheit über den Eintritt oder Ausfall der Bedingung zu schaffen, vermag die Gefahr, die durch die Regelung des § 25 droht, nicht geleugnet zu werden. So kann der Bieter durch die Abgabe eines nach dieser Vorschrift zulässigen bedingten Angebots letztlich nahezu gefahrlos eine Angebot zum Erwerb von Wertpapieren abgeben, solange er sich sicher sein kann, in seiner eigenen Gesellschafterversammlung das von ihm gewünschte Ergebnis herbeiführen zu können. Fehlt ihm diese Gewissheit besteht für ihn immer noch die Möglichkeit, – worauf Land/Hasselbach[166] zutreffend hingewiesen haben – das Angebot durch eine eigens hierzu gegründete Tochtergesellschaft abzugeben, da er in diesem Fall jederzeit in der Lage ist, das gewollte Abstimmungsergebnis in der Gesellschafterversammlung herbeizuführen. Der Bieter kann also ein „Angebot auf Probe", ohne jede rechtliche Wirkung abgeben.[167]

Dass auch der Gesetzgeber die sich aus den §§ 18, 25 ergebende Gefahr erkannt hat, folgt aus der Tatsache, dass er die Frist zur Durchführung der Gesellschafterversammlung im Laufe des Gesetzgebungsverfahrens erheblich verkürzt hat. Während noch § 28 des Diskussionsentwurfs eines Übernahmegesetzes vorsah, dass der Beschluss der Gesellschafterversammlung unverzüglich, spätestens jedoch innerhalb von zwei Monaten nach Ablauf der Annahmefrist herbeizuführen sei, verlangt § 25 WpÜG einen unverzüglichen, spätestens jedoch bis zum fünften Werktag vor Ablauf der Annahmefrist herbeigeführten Beschluss der Gesellschafterversammlung. Damit soll den Empfängern des Angebots rechtzeitig vor Ablauf der Annahmefrist bekannt sein, ob die ggf. erforderliche Zustimmung der Gesellschafterversammlung des Bieters zu dem Angebot vorliegt.[168] Die oben erwähnte Gefahr eines „Angebots auf Probe" wird aber auch durch diese Regelung indes nicht beseitigt.[169]

(c) Unzulässige Bedingungen

Bedingungen, deren Eintritt der Bieter, mit ihm gemeinsam handelnde Personen oder deren Tochterunternehmen ausschließlich selbst herbeiführen können, sind unzulässig, soweit die Bedingungen nicht in der Herbeiführung von Entscheidungen der Gesellschafterversammlung des jeweiligen Bieters bestehen. Unzulässig ist hiernach insbesondere die sog. „Finanzierungsbedingung", also der Vorbehalt des Bieters, die

---

[165] Amtliche Begründung, S. 61, 119, 129.
[166] DB 2000, 1747, 1751.
[167] Liebscher (ZIP 2001, 853, 862) spricht von einem „versteckten Rücktrittsrecht", das § 18 Abs. 1 Satz 2 WpÜG gewährt.
[168] Amtliche Begründung, S. 61, 129.
[169] Vgl. hierzu auch Liebscher, ZIP 2001, 852, 862.

Wertpapiere nur erwerben zu wollen, wenn die notwendigen Finanzmittel hierfür tatsächlich aufgebracht werden können.[170]

Auch aus den sonstigen Grundsätzen des Wertpapiererwerbs- und Übernahmegesetzes kann die Unzulässigkeit bestimmter Bedingungen resultieren (z.B. Verstoß gegen das allgemeine Gleichbehandlungsgebot des § 3 Abs. 1, gegen das Transparenzgebot sowie den Beschleunigungsgrundsatz).[171]

(3) Widerrufs- und Rücktrittsvorbehalt

Ein Angebot, das unter dem Vorbehalt des Widerrufs oder Rücktritts abgegeben wird, ist unzulässig, § 18 Abs. 2. Mit diesem Verbot, Widerrufs- oder Rücktrittsvorbehalte in das Angebot aufzunehmen, beabsichtigt der Gesetzgeber den Bieter daran zu hindern, unzulässige Bedingungen als Widerrufs- oder Rücktrittsvorbehalt auszugestalten und sich so von seinem Angebot zu lösen.[172]

Aufgrund dieses mit § 18 Abs. 2 verfolgten Zwecks dürften auch sämtliche anderen Maßnahmen des Bieters, die auf kein verbindliches Angebot hinauslaufen, unzulässig sein. Demzufolge sind beispielsweise Kündigung, Anfechtung[173] oder Wandlung ausgeschlossen. Dagegen kommt eine Loslösung vom Vertrag wegen Wegfalls der Geschäftsgrundlage in Einzelfällen in Betracht.[174]

bb. Teilangebot

Für die Zulässigkeit/Unzulässigkeit von Teilangeboten finden sich im Wertpapiererwerbs- und Übernahmegesetz unterschiedliche Regelungen, je nach dem worauf sich das Angebot bezieht. Während Teilangebote im Falle eines „schlichten" Angebots zum Erwerb entsprechender Wertpapiere (§ 19 WpÜG) zulässig sind, sind Teilangebote im Zusammenhang mit der Abgabe eines Übernahmeangebots unzulässig. Dementsprechend heißt es in § 32, dass „ein Übernahmeangebot, das sich nur auf einen Teil der Aktien der Zielgesellschaft erstreckt, unzulässig ist".

Das bedeutet, ein Übernahmeangebot muss sich auf alle Aktien beziehen; es ist sowohl an die Inhaber von Stamm- als auch von Vorzugsaktien zu richten. Mit der Erstreckung auf Vorzugsaktien wäre die Regelung des WpÜG über den geplanten europarechtlichen Standard hinausgegangen, jedoch wäre diese Verschärfung angesichts der lediglich Rahmencharakter aufweisenden europarechtlichen Vorgaben zulässig gewesen.

Der Hintergrund für die Verpflichtung, ein Vollangebot abzugeben, besteht darin, sämtlichen Aktionären ein Austrittsrecht oder ein alternatives Investment zu ermögli-

---

[170] Land/Hasselbach, DB 2000, 1747, 1750; Liebscher, ZIP 2001, 853, 862.
[171] Dazu näher Liebscher (ZIP 2001, 853, 862), der insoweit Klarstellungen im Gesetz oder in der Begründung zur Vermeidung von Rechtsunsicherheiten für wünschenswert hält. zur Finanzierungsbedingung ausführlich Busch, AG 2002, 145, 147.
[172] Amtliche Begründung, S. 61, 119 f.
[173] So für die Anfechtung gem. § 123 BGB ebenfalls Oechsler (NZG 2001, 817, 822), der jedoch die Möglichkeit der Anfechtung gem. § 119 BGB bejaht.
[174] Dazu Oechsler, NZG 2001, 817, 821 f.

chen.[175] Es soll verhindert werden, dass Aktionäre der Zielgesellschaft in der Minderheitsposition eingemauert werden, wodurch zugleich vermieden wird, dass der Bieter den auf dem den Aktionären der Zielgesellschaft lastenden Entscheidungsdruck durch entsprechende Ausgestaltung der Annahmebedingungen vergrößert und sich hierdurch Vorteile schafft.[176]

cc. Rechtsfolgen eines Angebots mit unzulässigem Inhalt wegen Bedingtheit, Widerrufs- oder Rücktrittsvorbehalt u.ä.

Wird eine Angebotsunterlage mit einem Angebot unzulässigen Inhalts der Bundesanstalt für Finanzdienstleistungsaufsicht gem. § 14 Abs. 1 Satz 1 übermittelt, hat diese das Angebot aufgrund des bestehenden Gesetzesverstoßes nach § 15 Abs. 1 Nr. 2 zu untersagen. Hiernach ist die Veröffentlichung der Angebotsunterlage verboten (§ 15 Abs. 3 Satz 1). Ein trotz untersagtem Angebot (§ 15 Abs. 1 und Abs. 2) abgeschlossenes Rechtsgeschäft ist nichtig (§ 15 Abs. 3 Satz 2).

Untersagt die Bundesanstalt für Finanzdienstleistungsaufsicht das Angebot trotz fehlender Rechtsverbindlichkeit des Angebots, unzulässiger Bedingtheit, Widerrufs- oder Rücktrittsvorbehalts nicht, weil es entweder die Veröffentlichung gestattet oder die Frist von 10 Werktagen gem. § 14 Abs. 2 Satz 1 verstreichen lässt, stellt sich die Frage, welche rechtlichen Folgen daraus für zwischen Bieter und Aktionär der Zielgesellschaft zustande gekommene Wertpapierkauf- oder -tauschverträge resultieren. Ebenso ist zu überprüfen, welche Rechtsfolgen eintreten, wenn trotz Untersagung des Angebots durch die BAFin aufgrund des Angebots Wertpapiere erworben werden.

In Betracht käme eine Nichtigkeit des geschlossenen Vertrages[177] gem. § 134 BGB verbunden mit einer bereicherungsrechtlichen Rückabwicklung der erbrachten Leistungen.

Nach § 134 BGB ist ein Rechtsgeschäft nichtig, das gegen ein gesetzliches Verbot verstößt, wenn sich nicht aus dem Gesetz ein anderes ergibt. Ein Verstoß z.B. gegen §§ 17, 18 oder 32 stellt einen Verstoß gegen ein „Gesetz" dar, da die Vorschriften des Wertpapiererwerbs- und Übernahmegesetzes „Gesetze" i.S.d. Art. 2 EGBGB sind. Damit ist das Rechtsgeschäft zwischen Bieter und Aktionär der Zielgesellschaft grundsätzlich nichtig.

Hier ergibt sich auch nicht ausnahmsweise aus dem Wertpapierwerbs- und Unternehmensübernahmegesetz etwas anderes i.S.d. § 134 BGB. So ist der Wortlaut der verschiedenen Vorschriften, also die Unterscheidung zwischen „ist unzulässig" und „darf nicht" für die Auslegung unergiebig. Einen zwingenden Schluss auf den Charakter als Verbotsgesetz lässt er nicht zu. Zwar mag die jeweilige Diktion Anhaltspunkte geben – so bedeuten „kann nicht", ist unzulässig" oder „ist nicht übertragbar" regel-

[175] Amtliche Begründung, S. 61, 120.
[176] Liebscher, ZIP 2001, 853, 862
[177] Nach herrschender Meinung kann auch bereits ein Angebot von der Nichtigkeit des § 134 BGB erfasst werden, obwohl das Angebot kein „Rechtsgeschäft", sondern lediglich Vorstufe hierzu ist. Siehe dazu Nicklisch, BB 1973, 53 ff. Zum Teil wird dagegen bereits das Angebot selbst als „Rechtsgeschäft" angesehen. So etwa Münchner-Kommentar-Mayer-Maly, BGB, § § 134 Rn. 25.

mäßig kein gesetzliches Verbot, während „darf nicht" für die wortlautorientierte Auslegung unergiebig ist –,[178] so ist doch die Gesetzessprache allein nicht aussagekräftig. Da sich auch aus Sinn und Zweck des Gesetzes keine Argumente für den Nichteintritt der Nichtigkeitsfolge ergeben, verbleibt es bei dem Grundsatz des § 134 BGB.

Zu beachten ist jedoch, dass die Annahme eines gesetzlichen Verbots in den Fällen, wo sich das Wertpapier im Ausland befindet, u.U. Schwierigkeiten bereiten kann.[179] Da bei Wertpapieren das Recht des Lageortes über das Recht am Papier entscheidet,[180] ist es auch für die Frage der Wirksamkeitsvoraussetzungen der Übereignung maßgeblich.[181] Das über das Internationale Privatrecht berufene ausländische Sachenrecht muss nicht zwingend ebenfalls die Nichtigkeitsfolge des § 134 BGB vorsehen.

2. Unrichtigkeit oder Unvollständigkeit einer für die Beurteilung der Angebotsunterlage wesentlichen Angabe

a. Begriff der „Angaben"

Eine „Angabe" in der Angebotsunterlage muss unrichtig oder unvollständig sein. Während noch das Reichsgericht im Hamburg-Altonaer Straßenbahn-Fall aus dem Jahre 1900[182] in einem die Vorschriften des Börsengesetzes in der Fassung vom 22.6.1896 betreffenden Fall, ein Verständnis des Begriffs „Angaben" i.S.v. (nur) Tatsachen nicht beanstandet hatte, führte der Bundesgerichtshof[183] bereits in seiner ersten einen börsenprospekthaftungsrechtlichen Sachverhalt betreffenden Entscheidung aus, dass neben Tatsachen auch Werturteile und Prognosen eine Prospekthaftung begründen können. Das habe deshalb zu gelten - so der BGH -, weil sich die bloße Wiedergabe von Tatsachen und ihre wertende Beurteilung oftmals nicht scharf voneinander trennen ließen.

Diese seit der genannten Entscheidung des BGH für das Börsenrecht allgemeine Meinung ist auf § 12 zu übertragen, d.h. auch bei dieser Haftungsvorschrift sind unter „Angaben" neben tatsächlichen auch wertende Aussagen zu verstehen.[184] Das ergibt sich bereits zwingend aus der Lektüre der vom Gesetzgeber geforderten Pflichtangaben in der Angebotsunterlage. Während die Angaben des Angebots gem. § 11 Abs. 2 Satz 1 Nr. 1 bis 6 insgesamt und die ergänzenden Angaben der Angebotsunterlage gem. § 11 Abs. 2 Satz 2, Abs. 3 und Abs. 4 zum Teil Tatsachen darstellen, verlangen die Angaben über die erwarteten Auswirkungen eines erfolgreichen Angebots auf die Vermögens-, Finanz- und Ertragslage des Bieters (§ 11 Abs. 2 Satz 2 Nr. 1) und die Angaben über die Absicht des Bieters im Hinblick auf die künftige Geschäftstätigkeit der Zielgesellschaft (§ 11 Abs. 2 Satz 2 Nr. 2) eindeutig prognostische Äußerungen, die nur als Werturteil qualifiziert werden können.

---

[178] BGH NJW 1992, 2021, 2022.
[179] So auch die Empfehlung der Ausschüsse an den Bundesrat vom 17.9.2001 (BR-Drucks. 574/1/01) im Rahmen der Vorarbeiten zu dessen Stellungnahme zum Regierungsentwurf unter Ziffer 4.
[180] Palandt-Heldrich, Art. 43 EGBGB (IPR) Rn. 1.
[181] Palandt-Heldrich, Art. 43 EGBGB (IPR) Rn. 3.
[182] RGZ 46, 83 ff.
[183] BGH, NJW 1982, 2823, 2826 („Beton- und Monierbau") .
[184] Allgemeine Ansicht, vgl. nur KK-Möllers, § 12 Rn. 26.

b. Wesentlichkeit der unrichtigen oder unvollständigen Angabe

Der Angabe muss, um einen kapitalmarktrechtlichen Haftungsanspruch begründen zu können, für die Beurteilung des Angebots eine gewisse Bedeutung zukommen. Sie muss eben wesentlich sein. Gleichsam wie für den Bereich der Börsenprospekthaftung heißt das, dass nicht alle Angaben im Falle ihrer Unrichtigkeit einen Anspruch gem. § 12 auslösen. Sogar wenn eine Angabe zwingend gesetzlich vorgeschrieben ist, also in § 11 Abs. 2, Abs. 3 oder Abs. 4 i.V.m. WpÜVO benannt ist, muss das nicht unbedingt zu deren wesentlicher Bedeutung führen.

Welche Angaben konkret als wesentlich anzusehen sind, vermag nicht generalisierend festgelegt zu werden. Maßgeblich ist, ob sich im konkreten Fall bei einer ordnungsgemäßen Angabe die für die Beurteilung der Wertpapiere relevanten tatsächlichen oder rechtlichen Verhältnisse verändern würden. Das setzt voraus, dass ein Anleger den unrichtigen Umstand „eher als nicht" bei seiner Entscheidung über die Annahme des Angebots berücksichtigen würde.[185]

Als Leitlinie lässt sich festhalten, dass dazu zumindest alle wertbildenden Faktoren[186] in Bezug auf das Angebot gehören. Eine Ausschlusswirkung gegenüber anderen – nicht wertbildenden – Angaben geht damit indes nicht einher.[187]

Als Beispiel[188] für eine Angabe, der es an einer wesentlichen Bedeutung fehlt, lässt sich die fehlerhaft in der Angebotsunterlage mitgeteilte Anschrift einer mit dem Bieter gemeinsam handelnden Person anführen (§ 11 Abs. 4 Nr. 2 i.V.m. WpÜVO).[189] Dagegen sind neben sämtlichen Angaben gem. § 11 Abs. 2 Satz 2 z.B. nicht zutreffende Informationen über die Finanzierung des Angebots oder die erwarteten Auswirkungen des Angebots auf die Vermögens-, Finanz- und Ertragslage des Bieters (§ 11 Abs. 2 Satz 3 Nr. 1) regelmäßig von wesentlicher Bedeutung.[190]

c. Unrichtigkeit oder Unvollständigkeit

Der Anspruch gem. § 12 Abs. 1 setzt weiter voraus, dass eine für die Beurteilung der Angebotsunterlage wesentliche Angabe unrichtig oder unvollständig ist.

aa. Die historische Bedeutung der Differenzierung zwischen den beiden Tatbestandsalternativen

§ 12 setzt unrichtige oder unvollständige Angaben in einer Angebotsunterlage voraus. Mit der Unterscheidung zwischen Unrichtigkeit einerseits und Unvollständigkeit

---

[185] Assmann, AG 2002, 153, 154; ähnlich in der Formulierung für die Wesentlichkeit im Zusammenhang mit unrichtigen Börsenzulassungsprospekten Hamann, in: Schäfer, WpHG/BörsG/VerkProspG, §§ 45, 46 a.F. BörsG Rn. 76.

[186] So auch Groß, Kapitalmarktrecht, §§ 45, 46 BörsG Rn. 37 für wesentliche Angaben im Zusammenhang mit der Börsenprospekthaftung.

[187] Anders wohl Groß, Kapitalmarktrecht, §§ 45, 46 BörsG Rn. 37; Assmann, Kapitalanlagerecht, § 7 Rn. 66.

[188] Ausführlich zu den „wesentlichen" Angaben im einzelnen: Assmann, AG 2002, 153, 154 ff.

[189] Amtliche Begründung, S. 61, 105.

[190] Amtliche Begründung, S. 61, 105.

andererseits wird die aus anderen kapitalmarktrechtlichen Haftungsvorschriften (§ 44 Abs. 1 BörsG, § 12 Abs. 1 AuslInvestmG, § 20 Abs. 1 KAGG) bekannte Differenzierung übernommen. Bei der börsengesetzlichen Norm kam der Unterscheidung vor dem Inkrafttreten des 3. Finanzmarktförderungsgesetzes[191] zum 1. April 1998 und der damit einhergehenden Novellierung der Vorschriften über die börsengesetzliche Prospekthaftung – zumindest nach dem Gesetzeswortlaut – wesentliche Bedeutung zu. Während nämlich für einen unrichtigen Prospekt nur bei Vorsatz oder grober Fahrlässigkeit gehaftet werden sollte, kam eine Haftung wegen eines unvollständigen Prospekts nur bei böslichem Handeln in Betracht. Dieser nach dem Gesetz durchzuführenden Differenzierung entzog die Rechtsprechung zu §§ 44, 45 BörsG a.F. durch ihre Lehre vom „Gesamteindruck"[192] frühzeitig die Grundlage und verwischte so die Grenzen zwischen beiden Tatbestandsalternativen.

Bei der Neufassung der börsengesetzlichen Vorschriften durch das 3. Finanzmarktförderungsgesetz hat der Gesetzgeber dieser Rechtsprechung wie bereits zuvor bei der Schaffung der §§ 20 Abs. 1 KAGG, 12 Abs. 1 AuslInvestmG Rechnung getragen und die Bedeutung der Unterscheidung durch eine Vereinheitlichung des Verschuldensmaßstabs aufgehoben. Der Gesetzgeber des Wertpapiererwerbs- und Übernahmegesetzes ist diesem Vorbild gefolgt. Es ist daher ohne Bedeutung, auf welche der beiden Tatbestandsalternativen die Fehlerhaftigkeit der Angabe gestützt wird.

bb. Unvollständigkeit als Unterfall der Unrichtigkeit

Auch wenn bereits seit langem anerkannt ist, dass es sich bei der Unvollständigkeit um einen Unterfall der Unrichtigkeit handelt, mithin ihre gesonderte Erwähnung eigentlich entbehrlich wäre, hat sich der Gesetzgeber des Wertpapiererwerbs- und Übernahmegesetzes[193] ebenso wie seinerzeit derjenige des 3. Finanzmarktförderungsgesetzes[194] aufgrund der praktischen Relevanz dieses Unterfalls zu einer ausdrücklichen Aufführung entschlossen.[195]

cc. Prüfung der Angebotsunterlage durch die Bundesanstalt für Finanzdienstleistungsaufsicht

(1) Unerheblichkeit für Schadensersatzansprüche

Für die Beurteilung der Unrichtigkeit oder Unvollständigkeit der Angebotsunterlage ist es unerheblich, ob die Veröffentlichung der Angebotsunterlage zuvor von der Bundesanstalt für Finanzdienstleistungsaufsicht (BAFin) gestattet worden ist bzw. ob seit dem Eingang der Angebotsunterlage bei der BAFin zehn Werktage verstrichen waren, ohne dass die BAFin das öffentliche Angebot untersagt hat (vgl. § 14 Abs. 2). Das ergibt sich daraus, dass Fehler, die seitens der BAFin im Rahmen der Prüfung der Angebotsunterlage gemacht werden, dem Anleger nicht zum Nachteil gereichen dürfen. Insoweit muss für die Prüfung der Angebotsunterlage das gleiche wie für die

---

[191] BGBl. I 1998, S. 529 ff.
[192] BGH, WM 1992, 861,862f. (Beton- und Monierbau); OLG Düsseldorf, WM 1984, 586, 592 (Beton- und Monierbau); OLG Frankfurt, WM 1994, 291, 295 (Bond).
[193] BGBl. I 2001, 3822 ff.
[194] BT-Drucks. 13/8933 S. 54, 76.
[195] Amtliche Begründung, S. 61, 105.

Prüfung des Börsenzulassungsprospekts durch die Zulassungsstelle nach § 36 Abs. 3 BörsG gelten.[196]

Das Gestatten der Veröffentlichung der Angebotsunterlage durch die BAFin ist auch keine Bonitätsprüfung, sondern allein eine Prüfung der Publizität.[197] Das bedeutet, dass die Gestattung keine Aussage über die Güte von Bieter- und Zielgesellschaft trifft. Ist keine Untersagung des Angebots nach § 15 erfolgt, liegt darin gleichfalls keine Vermutung für die Richtigkeit und Vollständigkeit der Angebotsunterlage. Das Gestatten der Veröffentlichung der Angebotsunterlage bzw. die unterbliebene Untersagung des Angebots sind demnach vor dem Hintergrund möglicher Ansprüche nach § 12 ohne Bedeutung. Deshalb kann trotz Erfüllung der im Wertpapiererwerbs- und Übernahmegesetz ausdrücklich geregelten Mindestanforderungen die Angebotsunterlage unrichtig sein.[198]

(2) Umfang der Prüfung

Auch wenn wie festgestellt das Ergebnis der Prüfung der Angebotsunterlage durch die BAFin für die haftungsrechtlichen Ansprüche der Anleger gem. § 12 unerheblich ist, so gilt es doch zu klären, in welchem Umfang die BAFin zur Prüfung verpflichtet ist. Zum Teil ergeben sich die die BAFin treffenden Pflichten aus dem Gesetz selbst. So muss es u.a. die Fragen klären,

1. ob die Angebotsunterlage überhaupt erstellt worden ist (§ 11 Abs. 1 Satz 1),

2. ob die Angebotsunterlage die erforderlichen Angaben enthält (§ 11 Abs. 2 Satz 2, Abs. 2 Satz 3 i.V.m. WpÜVO, Abs. 3 i.V.m. WpÜVO, Abs. 4 i.V.m. WpÜVO) und

3. ob die in der Angebotsunterlage enthaltenen Angaben offensichtlich gegen Vorschriften des Wertpapiererwerbs- und Übernahmegesetzes verstoßen, § 15 Abs. 2 S. 2.

Mangels gesetzlicher Vorgaben ist unklar, ob die BAFin neben dieser sog. formellen Prüfungspflicht auch eine materielle Prüfungspflicht der Angebotsunterlage trifft. Hier besteht deshalb näherer Untersuchungsbedarf. Die Frage, die es insoweit zu entscheiden gilt, lautet: Muss sich die BAFin die maßgeblichen Umstände für die Beurteilung der Angebotsunterlage durch eine über die Prüfung derselben hinausgehende Sachverhaltsermittlung verschaffen ?

Für den Börsenzulassungsprospekt war das Problem der materiellen Prüfungspflicht umstritten. Die sog. Prospekttheorie[199] vertrat die Auffassung, die Zulassungsstelle habe die Vollständigkeit des Prospekts und das formale Vorliegen sonstiger Zulas-

---

[196] Vgl. hierzu für die Prüfung des Börsenzulassungsprospekts: Amtliche Begründung des Regierungsentwurfs zum 3. Finanzmarktförderungsgesetz, BT-Drucks. 13/8933, S. 54, 76; OLG Frankfurt/M. WM 1994, 291, 297; Ellenberger, FS Schimansky, S. 591, 595 Fn. 47; Groß, Kapitalmarktrecht, §§ 45, 46 BörsG Rn. 23 a.E.
[197] So für den Börsenzulassungsprospekt auch Kümpel, Bank- und Kapitalmarktrecht, Rn. 9.300.
[198] So auch Ihrig, ZHR 167 (2003), 315, 333 f.; KK-Möllers, § 12 Rn. 74.
[199] Zahn, ZGR 1981, 101, 109 m.w.N.

sungsvoraussetzungen sowie deren immanente Richtigkeit zu prüfen. Demgegenüber steht die heute ganz herrschende Meinung[200] auf dem Standpunkt, dass zur Prüfung neben der formalen Vollständigkeit des Prospekts und dem Vorliegen der sonstigen Zulassungsvoraussetzungen materiell auch die Frage gehöre, ob auf der Grundlage der Prospektinformationen und der sonstigen der Zulassungsstelle bekannten Umstände die Zulassungsvoraussetzungen vorliegen bzw. Zulassungshindernisse fehlen. Zur Begründung beruft sich diese Ansicht auf § 36 Abs. 3 Nr. 3 BörsG, der Anhaltspunkte für eine materielle Prüfungskomponente enthalten soll (keine Zulassung der Wertpapiere bei Übervorteilung des Publikums oder Schädigung erheblicher allgemeiner Interessen).

Dieser für den Zulassungsprospekt herrschenden Meinung ist auch für die Angebotsunterlage zu folgen. Besitzt die Bundesanstalt für Finanzdienstleistungsaufsicht Anhaltspunkte für das Fehlen der Genehmigungsvoraussetzungen, die sich nicht allein aus der übermittelten Angebotsunterlage ergeben, so hat es im Zweifel weitere Unterlagen und Auskünfte beim Bieter einzuholen. Auch wenn es insoweit an einer § 36 Abs. 3 Nr. 3 BörsG vergleichbaren Vorschrift fehlt, kann es im Ergebnis doch nicht zweifelhaft sein, dass die BAFin eine beschränkte materielle Prüfungspflicht trifft. Ein Umkehrschluss aus dem Fehlen einer der genannten börsengesetzlichen Vorschrift vergleichbaren Norm für das Recht des Wertpapiererwerbs darf jedenfalls nicht gezogen werden. Das folgt bereits aus dem Zweck der Prüfung der Angebotsunterlage durch die BAFin. Auch aus § 15 Abs. 2 Nr. 2 lassen sich Anhaltspunkte für eine beschränkte materielle Prüfungspflicht entnehmen. Wenn es dort heißt, das Angebot sei zu untersagen, wenn die in der Angebotsunterlage enthaltenen Angaben offensichtlich gegen Vorschriften des Wertpapiererwerbs- und Übernahmegesetzes verstoßen, kann daraus nur entnommen werden, dass die BAFin zwar nicht jeden, dafür aber jeden offensichtlichen Verstoß gegen das Gesetz aufspüren soll. Das lässt sich jedoch nur durch eine beschränkte materielle Prüfungspflicht sicherstellen.

dd. Unrichtigkeit und Unvollständigkeit – Begriffe und Beispiele

Die Angaben in der Angebotsunterlage müssen unrichtig sein, wozu auch ihre Unvollständigkeit zählt.[201]

(1) Unrichtige Angaben

Wann eine Angabe unrichtig ist, hängt davon ab, ob es sich bei der Angabe um eine Tatsache oder um ein Werturteil handelt. Eine Tatsache ist unrichtig, wenn sie nicht der Wahrheit entspricht.[202] Demgegenüber ist ein Werturteil unrichtig, wenn es Erwartungen weckt, die einer sachlichen Grundlage entbehren,[203] d.h. wenn es an ei-

---

[200] BGHZ 123, 126, 130; Groß, Kapitalmarktrecht, §§ 36-39 BörsG Rn. 21; Schäfer, in: Hamann, WpHG/BörsG/VerkProspG, § 36 BörsG Rn. 28.
[201] Vgl. oben unter IV 2 c aa, S. 50.
[202] Groß, Kapitalmarktrecht, §§ 45, 46 BörsG Rn. 27; Groß bezieht diese Definition – entgegen der insoweit missverständlichen Wortwahl – nicht auf sämtliche „Angaben“, also auch auf Werturteile, Prognosen usw. Das ergibt sich aus der nachfolgenden Definition für unrichtige Werturteile.
[203] Brondics/Mark, AG 1989, 339, 341f.; Assmann, AG 2002, 153, 155.

ner ausreichenden Tatsachenbasis fehlt und die kaufmännische Vertretbarkeit nicht vorhanden ist.[204]

(2) Unvollständige Angaben

Unvollständige Angaben – als Sonderfall der unrichtigen Angaben[205] – liegen vor, wenn die Angebotsunterlage nicht alle für die Beurteilung des Angebots wesentlichen Angaben enthält.

Sind in einer Angebotsunterlage die nach § 11 Abs. 2 erforderlichen Angaben aufgeführt, besteht also die Angebotsunterlage sowohl aus dem Inhalt des Angebots als auch aus den ergänzenden Angaben, wird sie regelmäßig vollständig sein.[206] Gleichwohl kann es im Einzelfall an der Vollständigkeit fehlen. Dieses Situation ist dann denkbar, wenn über die Pflichtangaben hinaus weitere Angaben erforderlich sind, um einen für die Beurteilung des Angebots zutreffenden Eindruck zu verschaffen.[207]

Selbst wenn die nach § 11 Abs. 2 erforderlichen Angaben nicht sämtlich vorhanden sind, muss das umgekehrt nicht zwingend die Unvollständigkeit der Angebotsunterlage bedeuten, da nicht jede fehlende Angabe wesentlich für die Beurteilung des Angebots sein muss.

Können bestimmte Angaben nicht mitgeteilt werden, etwa weil die Folgen des Wertpapiererwerbs für die künftige Geschäftstätigkeit der Zielgesellschaft (§ 11 Abs. 2 Satz 3 Nr. 2) noch nicht absehbar sind, ist die Angebotsunterlage mit einem entsprechenden Hinweis zu versehen.[208] Nur so ist eine umfassende Information der Aktionäre der Zielgesellschaft gewährleistet.

(3) Unrichtiger Gesamteindruck

Die Unrichtigkeit oder Unvollständigkeit der Angebotsunterlage kann zum einen auf der Fehlerhaftigkeit einer Einzelangabe, d.h. einer Tatsache oder eines Werturteils, zum anderen aber auch auf einem fehlerhaften „Gesamteindruck“ der Angebotsunterlage beruhen.

Nach der ständigen Rechtsprechung[209] zu §§ 44, 45 BörsG, der das Schrifttum[210] nahezu vollständig folgt, ist ein Börsenprospekt auch dann unrichtig, wenn der Gesamteindruck, den der Prospekt vermittelt, im Hinblick auf die Vermögens-, Ertrags- und Liquiditätslage des Unternehmens nicht richtig ist. Das bedeutet, dass auch

---

[204] Schwark, BörsG, §§ 45, 46 Rn. 13; Assmann, AG 2002, 153, 155 f.
[205] Vgl. oben unter IV 2 c aa.
[206] So für die Vollständigkeit eines Börsenzulassungsprospekts: Hamann, in: Schäfer, WpHG/BörsG/-VerkProspG, §§ 45, 46 BörsG a.F. Rn. 115.
[207] Str., wie hier: Steinmeyer/Häger, § 12 Rn. 13; a.A.: KK-Möllers, § 12 Rn. 41 ff.; Haarmann/Renner, § 12 Rn. 22.
[208] Kamlah, WM 1998, 1429, 1438.
[209] Neben der bereits erwähnten Entscheidung „Beton- und Monierbau“ siehe noch OLG Frankfurt/M. WM 1994, 291, 295 („Bond-Anleihe“); OLG Düsseldorf WM 1984, 586, 591 („Beton- und Monierbau“); LG Frankfurt/M. WM 1998, 1181, 1184 = ZIP 1998, 641 („MHM-Mode“).
[210] Zweifelnd lediglich Kirchner, Prospektpublizität, S. 307ff.

dann, wenn jede einzelne Angabe im Prospekt für sich betrachtet noch als richtig anzusehen ist, eine Gesamtschau der richtigen Einzelangaben ein unzutreffendes – meist zu positives – Bild des Unternehmens ergeben kann.

Die für den Börsenzulassungsprospekt im Fall „Beton- und Monierbau"[211] entwickelte „Lehre vom Gesamteindruck" ist auf die Haftung nach § 12 zu übertragen,[212] wo ihr in diesem Zusammenhang die Bedeutung zu kommen dürfte, die sie bei der Geltendmachung von Ansprüchen gem. §§ 44, 45 BörsG hat.

(4) Weitere Einzelfälle

Die möglichen Fälle einer unrichtigen Angabe in der Angebotsunterlage können sehr vielschichtig sein.

(a) Prognosefehler

Die Angaben zu den erwarteten Auswirkungen eines erfolgreichen Angebots auf die Vermögens-, Finanz- und Ertragslage des Bieters sind unrichtig, wenn diese Prognosen nicht „ausreichend durch Tatsachen gestützt und kaufmännisch vertretbar" sind.[213] Bei der geforderten Prognoseberichterstattung ist eine gewisse Zurückhaltung geboten.[214] Zumindest müssen auch Risiken, die der vorhergesagten Entwicklung des Bieters entgegenstehen können, mitgeteilt werden.[215]

(b) Ungeeignetheit für den Adressatenkreis

Des weiteren kann eine Angebotsunterlage allein deshalb fehlerhaft sein, weil sie für den Adressatenkreis, an den sie sich wendet, unverständlich ist – mag sie auch inhaltlich vollumfänglich richtig sein.[216]

(c) Gestaltungsmängel

Ist eine Angebotsunterlage unübersichtlich gegliedert oder gestaltet, verweist sie etwa mehrfach zwischen verschiedenen Abschnitten der Angebotsunterlage, rechtfertigt das regelmäßig nicht die Annahme, es läge eine unrichtige Angebotsunterlage vor. Gestaltungsmängel der Angebotunterlage bleiben daher in der Regel folgenlos.[217] Nur bei schwerwiegenden Mängeln dieser Art kommt eine Unrichtigkeit in Betracht.[218]

---

[211] BGH WM 1982, 862, 863 = NJW 1982, 2823, 2824.
[212] Assmann, AG 2002, 153, 156.
[213] BGH WM 1982, 862, 865 für den Bereich der Börsenprospekthaftung.
[214] BGH WM 1982, 862, 865.
[215] Groß, Kapitalmarktrecht, §§ 45, 46 BörsG Rn. 31.
[216] Zum Adressenhorizont der Angebotsunterlage ausführlich bereits oben IV 1 b bb.
[217] So für Gestaltungsmängel eines Börsenprospekts auch Assmann, Kapitalanlagerecht, § 7 Rn. 92.
[218] Assmann, AG 2002, 153, 156.

(5) Zeitpunkt

Maßgeblicher Zeitpunkt für die Beurteilung der Unrichtigkeit bzw. Unvollständigkeit der Angebotsunterlage ist grundsätzlich der Moment der Veröffentlichung der Angebotsunterlage, da die Aktionäre der Zielgesellschaft von diesem Zeitpunkt an, innerhalb der Frist des § 11 Abs. 2 Satz 2 Nr. 6 i.V.m. § 16 über die Annahme des Angebots entscheiden müssen.[219]

Wird die Angebotsunterlage erst während des Laufs der Annahmefrist fehlerhaft, etwa weil sich der Stand behördlicher Verfahren im Zusammenhang mit dem Erwerb der Aktien der Zielgesellschaft wesentlich ändert,[220] verschiebt sich der maßgebliche Zeitpunkt für die Einschätzung der Angebotsunterlage. Aktionäre der Zielgesellschaft, die nach dem Eintritt der Unrichtigkeit das Angebot annehmen, kommen als Inhaber eines Schadensersatzanspruchs in Betracht. Demgegenüber sind Aktionäre der Zielgesellschaft, die bei Eintritt der Unrichtigkeit das Angebot bereits angenommen hatten, mit eventuellen Ersatzansprüchen ausgeschlossen, da es insoweit an der haftungsbegründenden Kausalität[221] mangelt. Die Vermutung für das Vorliegen des ursächlichen Zusammenhangs gem. § 12 Abs. 3 Nr. 1 ist widerlegt.

Ist die Angebotsunterlage indes ursprünglich fehlerhaft gewesen, ist aber noch während des Laufs der Annahmefrist eine Berichtigung gem. § 12 Abs. 3 Nr. 3 erfolgt, können diejenigen Aktionäre der Zielgesellschaft, die das Angebot nach der vorgenommenen Berichtigung angenommen haben, jedenfalls keine Schadensersatzansprüche geltend machen. Andererseits kommen Aktionäre, die vor der Berichtigung die Annahme erklärten, als Schadensersatzberechtigte in Betracht. Deren Ansprüche sind auch nicht unter dem Gesichtspunkt der Schadensminderungspflicht ausgeschlossen, d.h. diese Aktionäre sind nicht zum Rücktritt vom Vertrag verpflichtet gewesen, um so einen zu erwartenden Schaden möglichst gering zu halten. An einer derartigen Pflicht fehlt es bereits deshalb, weil ein Rücktrittsrecht nicht besteht. Auf § 21 kann sich insoweit nicht gestützt werden, da die Berichtigung der Angaben einer Änderung des Angebots nicht gleichsteht. Die Fälle einer möglichen Änderung des Angebots sind in § 21 Abs. 1 Satz 1 Nr. 1 bis 4 abschließend aufgezählt.

3. Annahme des Angebots

Der Schadensersatzanspruch gem. § 12 Abs. 1 setzt des weiteren voraus, dass das Angebot angenommen worden ist.[222]

a. Der Begriff der „Annahme"

Die „Annahme" in § 12 Abs. 1 entspricht weitestgehend der „Annahme" in den Vorschriften des BGB (§§ 147 bis 152). Dennoch existieren einige Abweichungen.

---

[219] Ebenso KK-Möllers, § 12 Rn. 72.
[220] Vgl. zur insoweit bestehenden Aktualisierungspflicht IV 6 c ff.
[221] Dazu vgl. unten ausführlich IV 6 a.
[222] KK-Möllers (§ 12 Rn. 81) bezeichnet die Annahmeerklärung zutreffend als das schadensauslösende Ereignis.

aa. Willenserklärung

Notwendig ist zunächst eine Willenserklärung des Aktionärs der Zielgesellschaft.

(1) Aktionär der Zielgesellschaft

Fraglich ist, wessen Annahmeerklärung es bedarf, wenn es nach der Veröffentlichung des Angebots zu einem Wechsel in der Aktionärsstellung o.ä. gekommen ist.[223]

(a) Rechtsgeschäftliche Übertragung der Aktien nach der Veröffentlichung des Angebots

Werden die Aktien der Zielgesellschaft nach der Veröffentlichung des Angebots an einen anderen als den Bieter übertragen (z.B. verkauft), ist zweifelhaft, ob in diesem Fall der Erwerber der Aktien die Annahme des Angebots erklären kann oder ob diese „Annahmezuständigkeit" weiterhin beim Veräußerer liegt.

Ersteres könnte nur angenommen werden, wenn die während der Annahmefrist unwiderrufliche[224] Möglichkeit, den angetragenen Vertragsschluss durch die Erklärung der Annahme in Geltung zu versetzen, rechtsgeschäftlich übertragbar ist (sog. Annahmeposition).[225] Abgesehen von dem grundsätzlich unproblematischen Fall, dass der Antragende ausdrücklich zugestimmt hat, ist es im allgemeinen Zivilrecht umstritten, ob die Annahmeposition[226] rechtsgeschäftlich übertragen werden kann (§§ 398, 413 BGB). Während von der Mindermeinung[227] dagegen vorgebracht wird, dass dem Antragenden kein anderer Vertragspartner aufgedrängt werden dürfe, vermeidet die herrschende Ansicht[228] das Aufstellen einer Regel und prüft von Fall zu Fall nach dem objektiv zu ermittelnden Sinn des Angebots, ob der Antragende mit der Übertragung der Annahmeposition als einverstanden gelten kann. Dabei stellt sie oftmals mangels anderer Hinweise auf den persönlichen oder unpersönlichen Charakter des angebotenen Vertrages ab.

Dieser herrschenden Ansicht ist zu folgen, da sich in der Tat eine generalisierende Betrachtungsweise verbietet und statt dessen immer eine Einzelfallentscheidung zu treffen ist. Gerade der vorliegende Fall – Veräußerung der von einem Angebot be-

---

223 Davon zu unterscheiden ist das unten (V 2, S. 94) zu erörternde Problem, wer Inhaber des Schadensersatzanspruchs ist, wenn es nach der Annahme des Angebots zu einem Wechsel in der Aktionärsstellung kommt.

224 Zum Ausschluß von Rücktritt und Widerruf vgl. oben S. 43 ff., insb. 44-46.

225 Münchner Kommentar-Kramer, BGB, § 145 Rn. 15.

226 Die Rechtsnatur der Annahmeposition ist strittig. Z.T. wird sie als Gestaltungsrecht (RGZ 132, 6, 7; OLG Celle NJW 1962, 743, 744; Müller-Freienfels, Die Vertretung beim Rechtsgeschäft, S. 92f.; Staudinger-Dilcher, BGB, 12. Aufl., § 145 Rn. 11; Palandt-Heinrichs, BGB, § 145 Rn. 5), z.T. als Teilelement des Gesamtvorgangs der Vertragsperfektion (Bötticher, Gestaltungsrecht und Unterwerfung im Privatrecht, S. 13; ders., FS für Dölle, Band I, S. 41, 52ff.; Larenz, BGB, AT § 27 I c; Soergel-Wolf, BGB, § 145, Rn. 14; Staudinger-Bork, BGB, 13. Aufl. § 145 Rn. 34) angesehen.

227 Staudinger-Coing, BGB, 11. Aufl., § 145 Rn. 14; Pfeiffer, LZ 1912, 374 ff.; RG JW 1911, 752 ff.

228 Soergel-Wolf, BGB, § 145 Rn. 17; Erman-Hefermehl, BGB, § 145 Rn. 18; Münchner Kommentar-Kramer, BGB, § 145 Rn. 16; Palandt-Heinrichs, BGB, § 413 Rn. 5; Palandt-Heinrichs, BGB, § 145 Rn. 5; Staudinger-Bork, BGB, § 145 Rn. 35.

troffenen Aktien während des Laufs der Annahmefrist – verdeutlicht, dass die rechtsgeschäftliche Übertragung der Annahmeposition durchaus im Interesse des Antragenden (Bieter i.S.d. § 2 Abs. 4) liegen kann. Letztlich ist für den Bieter allein maßgebend, ob die jeweiligen Aktionäre der Zielgesellschaft sein Angebot annehmen. Es kann daher sogar davon ausgegangen werden, dass der Bieter mit der Veröffentlichung des Angebots konkludent der Übertragung der Annahmeposition zugestimmt, so dass es auf den dargelegten Streit u.U. nicht ankommt.

Steht damit die Ubertragbarkeit der Annahmeposition aus dem Angebot fest, folgt daraus zugleich, dass in der oben geschilderten Konstellation nur der Erwerber der Aktien die Annahme des Angebots erklären kann.

(b) Vererbung, Einräumung eines Pfandrechts, Insolvenz des Aktionärs

Stirbt ein Aktionär der Zielgesellschaft vor Ablauf der Annahmefrist, geht die Annahmeposition unabhängig davon auf den Erben über, ob der Erbfall vor oder nach Zugang der Abgabe des Angebots eingetreten ist.[229]

Nach herrschender Meinung ist die Annahmeposition auch pfändbar und verpfändbar, soweit sie übertragbar ist.[230] Deshalb kann auch die Befugnis zur Annahme des Angebots ge- bzw. verpfändet werden. Im Zweifel dürfte jedoch davon auszugehen sein, dass mit der Pfändung bzw. Verpfändung der Aktien die Annahmeposition nicht konkludent mitge- bzw. -verpfändet wird. In diesem Fall ist allein die verpfändende Person berechtigt, die Annahme des Angebots zu erklären.

Wird der Annahmeberechtigte insolvent, ist für das Zivilrecht streitig, ob die Annahmeposition beim Gemeinschuldner verbleibt oder ob die Annahme dann dem Insolvenzverwalter zusteht. Die herrschende Meinung[231] sieht die Annahmebefugnis als Vermögensbestandteil im Sinn des Insolvenzrechts an und gelangt so zur Zuständigkeit des Insolvenzverwalters. Dem ist sich für das Recht des Wertpapiererwerbs anzuschließen.

(2) Vorliegen einer Willenserklärung

Der Aktionär der Zielgesellschaft muss eine Willenserklärung abgeben. Unter einer rechtsgeschäftlichen Willenserklärung ist nach einer verbreiteten Definition[232] eine Privatwillenserklärung zu verstehen, die auf die Hervorbringung eines rechtsgeschäftlichen Erfolges gerichtet ist, wobei der Erfolg nach der Rechtsordnung deswegen eintritt, weil er gewollt ist. Dieser sog. finale Begriff der Willenserklärung, der in § 133 BGB seinen Niederschlag gefunden hat, ist vor dem Hintergrund des § 157 BGB um ein normatives Element zu ergänzen. Im Regelfall wird die Feststellung, ob der Aktionär die Annahme erklärt hat, keinerlei Schwierigkeiten bereiten.

---

[229] Für die generelle Vererblichkeit der Annahmeposition im Zivilrecht bereits RG JW 1911, 752f.; weiterhin Staudinger-Bork, BGB, § 153 Rn. 10 f.; Palandt-Heinrichs, BGB, § 145 Rn. 5.
[230] Münchner Kommentar-Kramer, BGB, § 145 Rn. 16; Palandt-Heinrichs, BGB, § 145 Rn. 5.
[231] Münchner Kommentar-Kramer, BGB, § 145 Rn. 16; Soergel-Wolf, BGB, § 145 Rn. 22; Staudinger-Bork, BGB, § 145 Rn. 35; Palandt-Heinrichs, BGB, § 145 Rn. 5; a.A. Staudinger-Bork, BGB, § 153 Rn. 16.
[232] Motive (I, 126).

Fraglich ist jedoch, ob nicht in bestimmten Situationen, in denen eine Erklärung an sich fehlt, dieselbe „fingiert“ werden kann. Das soll an dem nachfolgenden Beispiel erläutert werden:

(a) Ausgangsfall

Ein Bieter unterbreitet den Aktionären der Zielgesellschaft ein Angebot. Dadurch gelangt der Bieter in den Besitz von 95 % der Aktien der Zielgesellschaft. Unmittelbar im Anschluss daran führt er einen „Squeeze-out“ durch.

Stellt sich nachträglich heraus, dass die Angebotsunterlage fehlerhaft war, erscheint zweifelhaft, ob auch der von dem Squeeze-out betroffene (ehemalige) Minderheitsaktionär einen Schadensersatzanspruch gem. § 12 Abs. 1 geltend machen kann. Das würde voraussetzen, dass er das (Übernahme-)Angebot angenommen, mithin überhaupt eine eigene Willenserklärung abgegeben hat.

(b) Die Möglichkeit des Squeeze-out[233]

Das Wertpapiererwerbs- und Übernahmegesetz hat mit der Einführung der §§ 327a – 327f AktG erstmals die Möglichkeit geschaffen, Minderheitsaktionäre aus der Aktiengesellschaft auszuschließen.[234] Diese international[235] zum aktienrechtlichen Standard gehörenden „Minority Squeeze-outs“ stellen eine bedeutende Neuerung des deutschen Gesellschaftsrechts dar. Ihr bisheriges Fehlen wurde häufig beklagt.[236] Nach § 327 a Abs. 1 AktG ist ein Aktionär, dem 95 %[237] des Grundkapitals einer Aktiengesellschaft gehören, berechtigt, die Aktien der restlichen Aktionäre auch zwangsweise gegen Zahlung einer angemessenen Barabfindung zu erwerben. Wie bereits die systematische Stellung dieser Regelung im Aktiengesetz zu erkennen gibt, ist das Squeeze-out zu jedem Zeitpunkt möglich, in dem die Voraussetzungen des § 327a AktG vorliegen. Es ist also nicht auf die Fälle eines vorangegangenen öffentlichen Angebots beschränkt.[238]

---

[233] Hierzu aus der umfänglichen neuen Literatur: Baums, WM 2001, 1843 ff.; Kossmann, NZG, 1999, 1198 ff.; Ehricke/Roth, DStR 2001, 1120 ff.; Vetter, DB 2001, 743 ff.; Sieger/Hasselbach, NZG 2001, 926 ff.; Krieger, BB 2002, 53 ff.

[234] Zur Rechtslage vor dem Inkrafttreten des Wertpapierwerbs- und Übernahmegesetzes unter besonderer Betonung des Bedürfnisses für ein Ausschlußrecht des Mehrheitsaktionärs gegenüber dem Minderheitsaktionär: Kallmeyer, AG 2000, 59 ff.

[235] Vgl. für Großbritanien Art. 428 ff. Companies Act 1985; für Belgien Art. 190quinquies LCSC; für die Niederlande Art. 2a:92 des Zivilgesetzbuches; für Italien Art. 111 Abs. 1 BörsenG (dazu Diemer/Hasselbach, NZG 2000, 824 ff.; Schmid, AG 1999, 402 ff.); für Frankreich Artt. 5-6, 5-7 Règlement General CMF.

[236] Vetter, ZIP 2000, 1817; Kallmeyer, AG 2000, 59; Kossmann, NZG 1999, 1198, 1201ff.; Schiessl, AG 1999, 451; Land/Hasselbach, DB 2000, 557, 561. Zu den Gestaltungsmöglichkeiten, die nach der bislang geltenden Rechtslage bestanden, um Minderheitsaktionäre aus der Gesellschaft hinauszudrängen, vgl. die Erläuterungen von Halm (NZG 2000, 1162, 1163). Danach kamen der Formwechsel (§§ 190 ff. UmwG), die Verschmelzung (§§ 2 ff. UmwG), die Mehrheitseingliederung (§ 319 AktG) sowie die übertragende Auflösung (§§ 179a, 262 AktG) in Betracht, während das Zusammenlegen von Aktien nach der Entscheidung des BGH in der Sache „Hilgers“ (NZG 1999, 1058 m. Anm. Rottnauer; ebs. zu diesem Urteil Richard/Weinheimer, BB 1999, 1613, 1615f.) ausschied.

[237] Ausführlich zur Höhe der Beteiligungsquote: Vetter, ZIP 2000, 1817, 1819.

[238] Vgl. Land/Hasselbach (DB 2000, 1747; 1754), die zutreffend auf die darin liegende Abweichung zur Rechtslage in Großbritanien hinweisen.

Die Abfindung der Minderheitsaktionäre wird vom Mehrheitsaktionär aufgrund eines Bewertungsgutachtens festgesetzt, das die Verhältnisse der Gesellschaft im Zeitpunkt der Beschlussfassung berücksichtigen muss (§§ 327b Abs. 1, 327c Abs. 2 Satz 2 AktG).[239] Bei der Festlegung der Abfindungshöhe ist ein im Vorfeld des Squeeze-out durch den Mehrheitsaktionär gebotener Preis für die Aktien der Zielgesellschaft zu berücksichtigen. Auch wenn es insoweit an einer ausdrücklichen gesetzlichen Regelung fehlt, ergibt sich dies aus den allgemeinen Grundsätzen der Unternehmensbewertung.[240]

(c) Übergang der Aktien kraft Gesetzes beim Squeeze-out

Macht der Mehrheitsaktionär, dem mindestens 95 % des Grundkapitals einer Gesellschaft gehören, von der Möglichkeit des § 327 a Abs. 1 AktG Gebrauch, erwirbt er also die Aktien der restlichen Minderheitsaktionäre, geschieht das aufgrund eines Beschlusses der Hauptversammlung.[241] Mit der Eintragung des Beschlusses in das Handelsregister gehen alle Aktien der Minderheitsaktionäre auf den Hauptaktionär über (§ 327e Abs. 3 Satz 1 AktG).[242] Der Beschluss der Hauptversammlung stellt daher die Ausübung eines einseitigen Gestaltungsrechts durch den Hauptaktionär dar.[243] Insoweit kann nichts anderes als bei der Eingliederung durch Mehrheitsbeschluss nach § 320 AktG gelten. Beide Verfahren sind vergleichbar.[244]

Gehen die Aktien mit der Eintragung des Hauptversammlungsbeschlusses kraft Gesetzes auf den Hauptaktionär über, kommt daneben ein Vertrag über die Übertragung der Aktien nicht zustande.

Das gilt nicht nur im Fall des isolierten Squeeze-out. Auch dann, wenn dem Squeeze-out ein öffentliches Angebot vorausgegangen ist, fehlt es an einer Annahme des Angebots. Das zunächst bestehende Angebot ist von dem Minderheitsaktionär ausdrücklich oder konkludent durch Verstreichenslassen der Annahmefrist abgelehnt worden. Bei der Durchführung des Squeeze-out existiert ein Angebot, das angenommen werden könnte, nicht mehr.

(d) Kein Anspruch gem. § 12 nach einem Squeeze-out

Der ehemalige Minderheitsaktionär kann deshalb selbst in dem Fall, dass dem Squeeze-out ein fehlerhaftes Angebot vorausgegangen war, mangels Annahmeerklärung keinen Schadensersatzanspruch gem. § 12 Abs. 1 geltend machen.

---

[239] Ausführlich zur Abfindung auch in rechtsvergleichender Sicht: Rühland, WM 2000, 1884 ff.
[240] So auch Land/Hasselbach, DB 2000, 1747, 1754.
[241] Gegen das Erfordernis, einen Hauptversammlungsbeschluss herbeizuführen, wendet sich Vetter (ZIP 2000, 1817, 1821) mit dem Hinweis, dass bereits in dem Moment, in dem sich der Hauptaktionär zum Ausschluss der Minderheitsaktionäre entschließt, das Ergebnis der Hauptversammlung feststeht. Seiner Ansicht nach verkommt die Hauptversammlung dann zur bloßen Förmlichkeit, auf die bei Einhaltung der schriftlichen Informationspflichten des Hauptaktionärs verzichtet werden könne.
[242] Vetter (ZIP 2000, 1817, 1823) hatte vorgeschlagen, nicht erst der Eintragung des Squeeze-out im Handelsregister konstitutive Wirkung zukommen zulassen, sondern statt dessen auf die Veröffentlichung – der von Vetter vorgeschlagenen Herbeiführung – einer gerichtlichen Entscheidung über den „Squeeze-out" im Bundesanzeiger abzustellen.
[243] Vetter, ZIP 2000, 1817, 1821.
[244] Land/Hasselbach, DB 2000, 1747, 1754.

Er ist jedoch berechtigt, seine vom Hauptaktionär festgelegte Barabfindung in einem Spruchstellenverfahren entsprechend den §§ 320, 306 AktG auf die Angemessenheit hin untersuchen zu lassen.[245] Sofern der Squeeze-out die Folge eines vorangegangenen öffentlichen Angebots ist, wird sich die Barabfindung regelmäßig an diesem Angebot orientieren. Erweist sich die Angebotsunterlage nachträglich als unrichtig oder unvollständig, wird sich das häufig auch auf die Bemessung der Barabfindung auswirken. Mit der Einleitung eines Spruchstellenverfahrens kann deren Erhöhung angestrebt werden. Als problematisch kann sich in diesem Zusammenhang jedoch erweisen, dass der Antrag auf gerichtliche Nachprüfung der Abfindung gem. § 327 f Abs. 2 Satz 1 AktG nur binnen zwei Monaten nach dem Tage gestellt werden kann, an dem die Eintragung des Übertragungsbeschlusses in das Handelsregister nach § 10 HGB als bekannt gemacht gilt, während für den Anspruch wegen der unrichtigen oder unvollständigen Angebotsunterlage eine Verjährungsfrist von längstens 3 Jahren gilt.

bb. Einseitige und empfangsbedürftige Willenserklärung

Die Annahmeerklärung setzt eine einseitige und empfangsbedürftige Willenserklärung des Aktionärs der Zielgesellschaft voraus. Eine Ausnahme von der Empfangsbedürftigkeit – wie sie in § 151 BGB,[246] aber auch in §§ 152, 156 BGB geregelt ist – gibt es im Rahmen des § 12 Abs. 1 jedoch nicht. Insbesondere ist ein Fall, in dem eine Annahme nach der Verkehrssitte nicht zu erwarten ist oder der Antragende – in den Worten des Wertpapiererwerbs- und Übernahmegesetzes: der Bieter – auf sie verzichtet, nicht denkbar, da in der Angebotsunterlage regelmäßig genaue Modalitäten im Hinblick auf den Zugang der Annahmeerklärung festgehalten sind. Das fußt letztlich auf § 11 Abs.4 Nr. 1 i.V.m. WpÜVO.

cc. Keine Annahme durch schlüssiges Verhalten

Die Annahmeerklärung kann nicht durch schlüssiges Verhalten erfolgen. Die darin liegende Abweichung vom allgemeinen Zivilrecht[247] findet seine Ursache ebenfalls in § 11 Abs. 4 Nr. 1 i.V.m. WpÜVO, der dazu führt, dass in den Angebotsunterlagen immer eine ausdrückliche Erklärung der Annahme verlangt wird.

dd. Inhalt der Annahmeerklärung

Unter der Erklärung der Annahme ist die Betätigung des Annahmewillens zu verstehen. Der Annahmewillen muss auf eine vorbehaltlose Bejahung des Angebots ausgerichtet sein. Die Annahme mit Änderungen stellt entgegen ihrem Wortlaut keine Annahme i.S.d. §§ 145 ff. BGB dar. Sie ist stattdessen selbst ein Angebot und gilt als Ablehnung des ursprünglichen Angebots (§ 150 Abs. 2 BGB). Das gilt selbst für unwesentliche Änderungen.

---

[245] Zu diesem Rechtsschutz ausführlich: Vetter, ZIP 2000, 1817,1823f.; Krieger, BB 2002, 53, 57.
[246] Zu § 151 BGB vgl. ausführlich: Manigk, Willenserklärung und Willensgeschäft, sowie Bydlinski, JuS 1988, 36, 37; ders., JBl. 1983, 185.
[247] Zum schlüssigen Verhalten im Zivilrecht vgl. Münchner Kommentar-Kramer, BGB, Vor § 116 Rn. 24ff.

Eine auf eine vorbehaltlose Bejahung des Angebots ausgerichtete Annahmeerklärung liegt auch in der Annahme eines bedingten Angebots.

ee. Annahme innerhalb der Annahmefrist

Die Erklärung, das öffentliche Angebot annehmen zu wollen, muss innerhalb der Annahmefrist erfolgen, da nur die rechtzeitige Annahme zum Vertragsschluss führt.

Die Annahmefrist beträgt gem. § 16 Abs. 1 Satz 1 nicht weniger als vier und nicht mehr als zehn Wochen, soweit nicht die Sonderregelungen der §§ 21 Abs. 5, 22 Abs. 2 eingreifen.

Neben dieser „ersten" Annahmefrist gewährt der Gesetzgeber bei einem Übernahmeangebots den Inhabern von Aktien der Zielgesellschaft zusätzlich eine sog. „weitere Annahmefrist". Danach können Aktionäre, die das Übernahmeangebot nicht innerhalb der ersten Annahmefrist angenommen haben, innerhalb von zwei Wochen ab der Veröffentlichung der durch den Bieter erlangten Stimmrechtsanteile an der Zielgesellschaft (§ 23 Abs. 1 Satz 1 Nr. 2) annehmen, § 16 Abs. 2 Satz 1. Diese Regelung trägt der besonderen Situation Rechnung, in der sich Minderheitsaktionäre befinden, denen ein koordiniertes Verhalten bei der Entscheidung über das Übernahmeangebot faktisch nicht möglich ist. Hierdurch können insbesondere Belegschaftsaktionäre, die dem Angebot kritisch gegenüberstehen und ursprünglich an ihren Aktien festhalten oder zunächst den Verlauf des Verfahrens abwarten wollten, in Kenntnis des nun sicher bevorstehenden Kontrollwechsels bzw. der Entstehung einer Kontrollsituation ihre Anteile dem Bieter verkaufen. Gleichzeitig erhält durch diese Nachfrist der Bieter zudem die Möglichkeit, seine Beteiligung am Zielunternehmen nach erfolgreichen Kontrollerwerb weiter zu erhöhen.[248]

Da § 12 Abs. 1 lediglich voraussetzt, dass es zu einer (fristgerechten) Annahme des Angebots gekommen ist, ist es für die Geltendmachung des Schadensersatzanspruchs unerheblich, ob die Annahme innerhalb der ersten oder innerhalb der weiteren Annahmefrist erfolgte.

Das Bestimmen einer Annahmefrist ist in § 11 Abs. 2 Satz 2 Nr. 6 zwingend vorgeschrieben. Eine Befreiung kann hierfür nicht gewährt werden. Mit der gesetzlichen Vorgabe, dass das Angebot eine Annahmefrist enthalten muss, modifiziert § 11 die bürgerlich-rechtliche Regelung in § 147 BGB über die Länge der Bindungsfrist des Antrags.[249] Zur Fristberechnung braucht regelmäßig nicht auf die §§ 186 ff. BGB zurückgegriffen werden, da im Angebot der Endtermin nicht mittelbar durch die Benennung eines Zeitraums festgelegt ist. Stattdessen ist unmittelbar durch die Angabe eines Datums – häufig in Verbindung mit der Festschreibung einer genauen Uhrzeit – meist sehr präzise erläutert ist, bis wann das Angebot Wirkung zeitigt.

Wird die Annahme des Angebots verspätet erklärt, gilt diese Erklärung als neuer Antrag (§ 150 BGB). Das Angebot des Bieters erlischt (§ 146 BGB).

---

[248] Amtliche Begründung, S. 61, 115.
[249] Münchner Kommentar-Kramer, BGB, § 148 Rn. 1.

b. Folgen der „Annahmeerklärung"

Aufgrund der erklärten Annahme des Angebots muss es zu einem wirksamen Vertragsschluss gekommen sein. Daran kann es fehlen, wenn das Angebot bedingt war, wenn das Angebot nachträglich geändert wurde oder wenn konkurrierende Angebote abgegeben worden sind.

aa. Bedingungen (§ 18)[250]

(1) Zulässigkeit von Bedingungen

Anders als im allgemeinen Zivilrecht sind Bedingungen in einem öffentlichen Angebot zum Erwerb von Wertpapieren nur eingeschränkt zulässig.

Gestattet sind alle objektiven Bedingung, also Bedingung, deren Eintritt der Bieter selbst nicht beeinflussen kann (Erteilung behördlicher Erlaubnisse, Erreichen einer bestimmten Beteiligungshöhe im Laufe des Verfahrens zum Erwerb von Wertpapieren usw.)

Unzulässig sind dagegen grundsätzlich alle subjektiven Bedingungen. Darunter sind Bedingungen zu verstehen, deren Eintritt der Bieter herbeiführen kann (so z.B. „Finanzierungsbedingungen").

Ausnahmsweise zulässig ist die subjektive Bedingung des § 18 Abs. 1 Satz 2 (Zustimmung der Gesellschafterversammlung des Bieters zur Abgabe des Angebots).

(2) Arten von Bedingungen

Gibt der Bieter zulässigerweise ein Angebot unter einer Bedingung ab, kann dieses aufschiebend oder auflösend bedingt sein. Bei der aufschiebenden Bedingung hängt der Eintritt, bei der auflösenden Bedingung das Fortbestehen der Rechtswirkungen von dem zukünftigen Ereignis ab.[251] Im Regelfall wird der Bieter eine aufschiebende Bedingung wählen, da er so vermeidet, dass sein Angebot bis zum Eintritt bzw. Nichteintritt der Bedingung bereits rechtliche Wirkungen zeitigt.

(3) Wirkungen der Bedingungen

Hinsichtlich der Wirkungen des Eintritts bzw. Nichteintritts der Bedingungen ist nach der Art der Bedingungen zu unterscheiden.

Tritt bei einem aufschiebend bedingten Angebot die Bedingung ein, wird der Vertrag wirksam. Tritt die Bedingung hingegen nicht ein, resultieren aus Angebot und Annahme keine rechtlichen Wirkungen.[252] Im ersten Fall kann der Aktionär der Zielgesellschaft, so denn die Angebotsunterlage Fehler enthielt, u.U. den Haftungsanspruch gem. § 12 geltend machen; in der zweiten Konstellation hingegen selbst bei

[250] Vgl. ausführlich zu Bedingungen in Übernahmeangeboten, AG 2002, 145 ff.
[251] Staudinger-Bork, BGB, § 158 Rn. 1.
[252] Staudinger-Bork, BGB, § 158 Rn. 18.

Fehlerhaftigkeit der veröffentlichten Angebotsunterlage nicht. Es mangelt an einem dauerhaften Vertragsschluss.

Ist in einem Vertrag eine auflösende Bedingung vereinbart und tritt die Bedingung ein, verliert die Vereinbarung ihre Gültigkeit. Der vor der bedingten Regelung geltend Rechtszustand wird wiederhergestellt.[253] Ein Anspruch gem. § 12 kommt nicht in Betracht. Ohne Eintritt der Bedingung behält der Vertrag seine Gültigkeit und bei Vorliegen der weiteren Voraussetzungen ist ein Schadensersatzanspruch gegeben.

bb. Änderung des Angebots (§ 21)

Auch die Änderung des Angebots kann u.U. dazu führen, dass trotz Vorliegens von Angebot und Annahme ein wirksamer Vertrag zu den in beiden Erklärungen enthaltenen Modalitäten nicht zustande kommt.

Nach § 21 Abs. 1 kann der Bieter bis zu einem Werktag vor Ablauf der Annahmefrist

1. die Gegenleistung erhöhen,

2. wahlweise eine andere Gegenleistung anbieten,

3. den Mindestanteil oder die Mindestzahl der Aktien oder den Mindestanteil der Stimmrechte, von dessen Erwerb der Bieter die Wirksamkeit seines Angebots abhängig gemacht hat, verringern oder

4. auf Bedingungen verzichten.

§ 21 Abs. 1 lässt diese Modifikationen des Angebots während des Annahmeverfahrens zu, wenn sie aus Sicht der Aktionäre zu eine Verbesserung des Angebots führen, den Aktionären über das ursprüngliche Angebot hinausgehende Handlungsmöglichkeiten eröffnet werden oder eine verstärkte rechtliche Bindung des Bieters an sein Angebot zur Folge haben.[254]

Da Ziel der Schaffung des Wertpapierwerbs- und Übernahmegesetzes u.a. auch die Gleichbehandlung aller Aktionäre war (vgl. § 3 Abs. 1[255]), sollen sämtliche Angebotsempfänger des ursprünglichen Angebots das geänderte Angebot annehmen können. Deshalb räumt § 21 Abs. 4 denjenigen Aktionären, die das ursprüngliche Angebot bereits angenommen haben, ein gesetzliches Rücktrittsrecht ein. [256] Mit der Ausübung dieses Rechts gestaltet sich das Vertragsverhältnis in ein Abwicklungs- und Rückgewährschuldverhältnis um.[257]

---

[253] Staudinger-Bork, BGB, § 158 Rn. 21.
[254] Amtliche Begründung, S. 61, 122 f.
[255] § 3 Abs. 1 beinhaltet den allgemeinen Gleichheitsgrundsatz des Wertpapiererwerbs- und Übernahmegesetzes. Daneben finden sich u.a. in § 16 Abs. 2 Nr. 2, in § 27 Abs. 1 und in § 27 Abs. 2 besondere Gleichheitsgrundsätze.
[256] Amtliche Begründung, S. 61, 124.
[257] Palandt-Heinrichs, BGB, § 346 Rn. 3 sowie Einf v § 346 Rn. 2.

Aus der Einräumung dieses Rücktrittsrechts ist zu entnehmen, dass allein die Veröffentlichung der Änderung des Angebots keine Auswirkungen auf das Bestehen des bereits abgeschlossenen Vertrages zwischen Bieter und Aktionär der Zielgesellschaft hat. An der notwendigen Voraussetzung eines wirksamen Vertrages kann es jedoch trotz Vorliegens von Angebot und Annahme fehlen, wenn ein Aktionär, der das ursprüngliche Angebot angenommen hatte, von dem in § 21 Abs. 4 eingeräumten Rücktrittsrecht Gebrauch macht, dann jedoch das geänderte Angebot – wozu keine Pflicht besteht – nicht annimmt. Auch wenn dieses Verhalten auf den ersten Blick unwahrscheinlich erscheint, kann dieser Fall z.B. eintreten, wenn sich der Aktionär entschließt, seine Aktien nicht an den Bieter, sondern über die Börse an einen Dritten zu veräußern, der seinerseits das geänderte Angebot nicht annimmt.

cc. Konkurrierende Angebote (§ 22)

Die Abgabe eines konkurrierenden Angebots kann ebenfalls dazuführen, dass es trotz des zunächst zwischen dem Aktionär der Zielgesellschaft und dem Bieter abgeschlossenen Vertrages letztlich an einem Vertrag fehlt.

Gem. § 22 Abs. 1 sind konkurrierende Angebote Angebote, die während der Annahmefrist eines Angebots von einem Dritten abgegeben werden.

Ein konkurrierendes Angebot führt dazu, dass den Aktionären der Zielgesellschaft neben der Annahme oder Ablehnung des ursprünglichen Angebots eine weitere Entscheidungsmöglichkeit eröffnet wird.[258] Um die gleichen Rahmenbedingungen für beide Angebote zu schaffen, bestimmt § 22 Abs. 2 Satz 1, dass sich der Ablauf der Annahmefrist für das ursprüngliche Angebot nach dem Ablauf der Annahmefrist für das konkurrierende Angebot bemisst.

Da die Annahme des konkurrierenden Angebots allen Aktionären der Zielgesellschaft möglich sein soll, räumt § 22 Abs. 3 als Ausprägung des in § 3 Abs. 1 statuierten allgemeinen Gleichbehandlungsgrundsatzes[259] den Angebotsempfängern, die bereits das ursprüngliche Angebot angenommen haben, ein gesetzliches Rücktrittsrecht von diesem Vertrag ein. Das gilt jedoch nur, wenn die Annahme des ursprünglichen Angebots vor der Veröffentlichung der Angebotsunterlage des konkurrierenden Angebots erfolgte, da ab diesem Zeitpunkt den Aktionären beide Angebote bekannt waren und sie die Möglichkeit hatten, sich in Kenntnis beider Angebote für eines zu entscheiden.[260]

dd. Zusammenfassung

Den soeben erörterten Fallgestaltungen ist gemeinsam, dass sie trotz zwischenzeitlichen Vorliegens von Angebot und Annahme nicht zu einem wirksamen Vertragsschluss führen. Ein solcher ist jedoch neben der Erklärung der Annahme des Angebots durch den Aktionär der Zielgesellschaft erforderlich. Hat der Aktionär das auf einer fehlerhaften Angebotsunterlage beruhende Angebot angenommen, ohne dass es

[258] Amtliche Begründung, S. 61, 125.
[259] Dazu Amtliche Begründung, S. 61, 83.
[260] Amtliche Begründung, S. 61, 126.

zu einem wirksamen Vertrag kommt, kann er später keinen Schadensersatzanspruch geltend machen.

c. Keine Annahme des Angebots

Nimmt ein Aktionär der Zielgesellschaft das Angebot weder innerhalb der „ersten" noch innerhalb der „weiteren" Annahmefrist an, fehlt es also an einer „Annahme" im oben erläuterten Sinn, kann der betreffende Aktionär auch dann keinen Schadensersatzanspruch gem. § 12 Abs. 1 geltend machen, wenn sich nachträglich herausstellt, dass die Angebotsunterlage unrichtig oder unvollständig war und der Aktionär deshalb einen Schaden erleidet. Letzteres ist insbesondere dann vorstellbar, wenn die Zielgesellschaft dergestalt in die Abhängigkeit des Bieters geraten ist, dass sich finanzielle Nachteile, die den Bieter treffen (insbesondere Schadensersatzverpflichtungen gegenüber ehemaligen Aktionären der Zielgesellschaft aufgrund von § 12 Abs. 1), auf die Zielgesellschaft und damit auch auf deren Aktionäre auswirken.

Auch wenn diese Regelung fragwürdig erscheint, ist angesichts des eindeutigen Wortlauts des Gesetzes („derjenige, der das Angebot angenommen hat") ein anderes Ergebnis nicht vertretbar. Aktionäre, die das Angebot abgelehnt haben, müssen sich daher wegen ihrer Schadensersatzansprüche auf die allgemeinen Regelungen (zivilrechtliche Prospekthaftung, § 823 BGB usw.) verweisen lassen.[261]

4. Übertragung der Aktien

In § 44 Abs. 1 Satz 1 BörsG heißt es, „der Erwerber von Wertpapieren" kann Schadensersatz verlangen. Aus der Verwendung dieser Formulierung wird deutlich, dass allein der Abschluss eines schuldrechtlichen Vertrages über den Erwerb von Wertpapieren nicht genügt, um die Voraussetzungen der börsengesetzlichen Prospekthaftung zu erfüllen. Hinzukommen muss der dingliche Vollzug dieses Vertrages.

Daraus ergibt sich im Hinblick auf den aus § 12 Abs. 1 resultierenden Schadensersatzanspruch die Frage, ob es auch hier neben dem Abschluss der schuldrechtlichen Vereinbarung eines dinglichen Vollzugsgeschäfts in Form von Einigung und Übergabe bzw. Abtretung des Herausgabeanspruchs gegen die Verwahrer der Aktien bedarf. Der Vergleich des Wortlauts von § 44 Abs. 1 Satz 1 BörsG („Erwerber von Wertpapieren") einerseits und § 12 Abs. 1 („derjenige, der das Angebot angenommen hat") andererseits scheint dafür zu sprechen, dass bei § 12 Abs. 1 bereits der Abschluss eines schuldrechtlichen Vertrages genügt. Selbiges ist auch dem Sinn und Zweck der Vorschrift zu entnehmen. D.h. eine Änderung der dinglichen Rechtslage meint ein Wechsel der Aktionärsstellung muss nicht hinzutreten. Das ergibt sich bereits aus § 12 Abs. 1 selbst, wonach der „aus der Annahme des Angebots entstandene Schaden" zu ersetzen ist, da regelmäßig ein Schaden auch schon vor der (tatsächlichen) Übertragung der Aktien vom Aktionär der Zielgesellschaft auf den Bieter eintreten kann.

---

[261] So auch KK-Möllers, § 12 Rn. 81 f.

5. Verschulden

Nach § 12 Abs. 2 kann nicht in Anspruch genommen werden, wer nachweist, dass er die Unrichtigkeit oder Unvollständigkeit der Angaben der Angebotsunterlage nicht gekannt hat und die Unkenntnis nicht auf grober Fahrlässigkeit beruht. Mit dieser Regelung zum Verschuldensmaßstab wird Bezug auf die Haftungsvorschriften anderer Kapitalmarktgesetze (z.B. § 45 Abs. 1 BörsG, § 20 Abs. 3 Satz 1 KAGG und § 12 Abs. 3 Satz 1 AuslInvestmG) genommen, die ebenfalls, indem sie die Haftung nur für Vorsatz und grobe Fahrlässigkeit postulieren, eine Schadensersatzpflicht bei leichter Fahrlässigkeit nicht kennen.

a. Einheitlicher Verschuldensmaßstab

Ebenso wie die soeben genannten Normen enthält § 12 Abs. 1 einen einheitlichen Verschuldensmaßstab für die Fälle der unrichtigen und der unvollständigen Veröffentlichung, d.h. es ist gleichgültig, worauf sich die Fehlerhaftigkeit der Angebotsunterlage gründet (Unrichtigkeit oder Unvollständigkeit), gehaftet wird jeweils erst bei grober Fahrlässigkeit. Das ist angesichts dessen, dass es sich bei der Unvollständigkeit der Angebotsunterlage lediglich um einen Unterfall von deren Unrichtigkeit handelt, nur konsequent.

b. Ausschluss der leichten Fahrlässigkeit

Während der Ausschluss der Haftung für eine fehlerhafte Angebotsunterlage bei lediglich leichtfahrlässigem Handeln im Zuge der Schaffung des Wertpapiererwerbs- und Übernahmegesetzes kaum problematisiert worden ist, wurde bei der Einführung des einheitlichen Verschuldensmaßstabs der mindestens groben Fahrlässigkeit im Zusammenhang der Novellierung der Börsenprospekthaftung durch das 3. Finanzmarktförderungsgesetz verschiedentlich[262] Kritik geübt.

Am entschiedensten, aber auch am ausführlichsten wandten sich Grundmann/Selbherr[263] gegen einen Haftungsausschluss bei leichter Fahrlässigkeit. Sie wiesen durch eine rechtsvergleichende Analyse mit den entsprechenden Vorschriften des US-amerikanischen, englischen, französischen und schweizerischen Rechts nach, dass die Haftung für leichte Fahrlässigkeit durchgängig den internationalen Standard bildet und diese strengere Prospekthaftung das Emissionsgeschäft in all diesen Ländern nicht zum Erliegen bringt.[264] Unter Hinweis auf die Internationalisierung der Kapitalmärkte, die eine Anpassung an diese internationalen Vorgaben verlange, sowie auf europarechtliche Bedenken wegen der Zweispurigkeit zwischen der spezialgesetzlichen und der allgemeinen zivilrechtlichen Prospekthaftung – letztere greift auch bei leichter Fahrlässigkeit ein –, sprachen sich Grundmann/Selbherr gegen eine Haftungsmilderung aus. Der Gesetzgeber ist dem ebenso wie die herrschende Meinung im Schrifttum für das Börsenrecht nicht gefolgt. Zur Begründung wurde angeführt, dass der Ausschluss der Haftung für leichte Fahrlässigkeit lediglich

[262] Köndgen, AG 1983, 120, 128; Hopt, Verantwortlichkeit der Banken bei Emissionen, S. 88 Rn. 170; Grundmann/Selbherr, WM 1996, 985 ff.
[263] WM 1996, 985 ff.
[264] WM 1996, 985, 987.

eine Kompensation für den im Bereich der Börsenprospekthaftung geltenden Verzicht auf das Erfordernis eines rechtsgeschäftlichen Kontakts darstelle.[265] Auch sei bei einer Versagung der Haftungsmilderung zu befürchten, dass sich die Emissionsbanken das erhöhte Haftungsrisiko durch einen Provisionszuschlag vergüten lassen werden.[266]

Auch wenn – wie eingangs erwähnt – bei der Schaffung des Wertpapiererwerbs- und Übernahmegesetzes eine Auseinandersetzung um den Haftungsausschluss nicht geführt worden ist, dürfte der für die Börsenprospekthaftung dargelegte Streitstand auf die Haftung gem. § 12 zu übertragen sein. Im Ergebnis ist m.E. auch hier der herrschenden Meinung zu folgen, da nur so die Attraktivität des Finanzplatzes Deutschland – letztlich das Ziel sämtlicher gesetzgeberischer Maßnahmen im Bereich des Kapitalmarktrechts – gefördert werden kann. Eine möglicherweise eintretende Erhöhung der Transaktionskosten stünde dem diametral entgegen.

c. Grobe Fahrlässigkeit

Mit der Wahl von grober Fahrlässigkeit als Verschuldensmaßstab behält der Gesetzgeber die im gesamten Kapitalmarktrecht zu beobachtende Vereinheitlichung der Terminologie im Hinblick auf subjektive Tatbestandselemente der jeweiligen Haftungsnorm bei. Er geht auch hier von den drei Stufen leichte Fahrlässigkeit, grobe Fahrlässigkeit und Vorsatz aus. Andere Umschreibungen des erforderlichen subjektiven Elements – wie z.B. noch in § 44 Abs. 1 BörsG a.F. „grobes Verschulden", „bösliches Verschweigen" und „bösliches Unterlassen" – kommen in neueren kapitalmarktrechtlichen Haftungstatbeständen nicht mehr vor. Damit wird ein Beitrag zur Harmonisierung dieser Normen ebenso wie zur Rechtssicherheit im Hinblick auf mögliche Auslegungsprobleme geleistet, da insoweit auf die Erkenntnisse aus der Auslegung der anderen Haftungstatbestände zurückgegriffen werden kann.

d. Begriff der „groben Fahrlässigkeit"

Grobe Fahrlässigkeit liegt vor, wenn die im Verkehr erforderliche Sorgfalt in besonders schwerem Maße verletzt wird. Das ist zu bejahen, wenn schon einfachste, ganz naheliegende Überlegungen nicht angestellt werden und das nicht beachtet wird, was im gegebenen Fall jedem einleuchten musste.[267] Während der Maßstab der einfachen Fahrlässigkeit ein ausschließlich objektiver ist,[268] sind bei der groben Fahrlässigkeit auch subjektive, in der Individualität des Handelnden begründete Umstände zu berücksichtigen. Den Handelnden muss auch in subjektiver Hinsicht ein schweres Verschulden treffen.[269]

e. Verschulden der konkreten schadensersatzpflichtigen Person

Das Verschulden ist einzelfallorientiert für jede möglicherweise schadensersatzpflichtige Person gesondert zu prüfen. Das heißt, grobe Fahrlässigkeit kann bei gleichem

---

[265] Begr. RegE BT-Drucks. 13/8933, S. 80.
[266] Hopt, Verantwortlichkeit der Banken bei Emissionen, S. 88 Rn. 170.
[267] Palandt-Heinrichs, BGB, § 277 Rn. 2; BGH, NJW 1992, 3236.
[268] Palandt-Heinrichs, BGB, § 276 Rn. 15.
[269] BGH, NJW 1988, 1265, 1266.

Sachverhalt für einige Haftungsverpflichtete gegeben sein, für andere hingegen nicht. Das resultiert aus dem für die Bejahung einer groben Fahrlässigkeit erforderlichen subjektiven Element.

f. Beweislast

§ 12 Abs. 2 enthält eine Umkehr der Beweislast für das Verschulden der Verantwortlichen für die Angebotsunterlage. Mit dieser ausdrücklichen Aufnahme einer Verschuldensvermutung, die als wichtiges Element für einen effektiven Anlegerschutz zu verstehen ist, hat der Gesetzgeber dem zu befürchtenden Streit darüber, ob sich bereits aus den allgemeinen Beweislastvorschriften der §§ 282, 285 BGB und den Grundsätzen über die Sphärenhaftung eine Umkehr der Beweislast ergibt, den Boden entzogen.[270]

[270] Vgl. hierzu für die entsprechende börsengesetzliche Regelung vor dem Inkrafttreten des 3. Finanzmarktförderungsgesetzes: Schwark, BörsG, §§ 45, 46 Rn. 26; Erman, AG 1964, 327, 330 einerseits und Assmann, WM 1983, 138, 141 andererseits.

6. Fehlen eines Ausschlussgrundes

In § 12 Abs. 3 hat der Gesetzgeber drei Situationen geregelt, in denen trotz Vorliegens der Voraussetzungen des § 12 im übrigen den Aktionären der Zielgesellschaft ein Anspruch wegen der fehlerhaften Angebotsunterlage gleichwohl nicht zustehen soll.

Bei der Erarbeitung des § 12 Abs. 3 hat sich der Gesetzgeber an der Regelung in § 45 Abs. 2 BörsG orientiert, die gleichsam als Vorlage diente. Durch letztere Vorschrift sind zum einen die bereits vor dem Inkrafttreten des 3. Finanzmarktförderungsgesetzes im Börsengesetz enthaltenen Ausschlusstatbestände systematisiert und zum anderen bis dahin nicht enthaltene Präklusionsgründe hinzugefügt worden. Waren die Regelungen vormals in den verschiedenen Absätzen der §§ 44, 45 BörsG a.F. (bzw. der Vorgängervorschriften §§ 45, 46 BörsG) verstreut, enthält nunmehr § 45 Abs. 2 BörsG sämtliche Konstellationen, die zum Entfallen des Prospekthaftungsanspruchs führen können.

Aufgrund der Anlehnung des § 12 Abs. 3 an § 45 Abs. 2 BörsG kann bei den nachfolgenden Erläuterungen z.T. auf die zu § 45 Abs. 2 BörsG ergangene Rechtsprechung sowie die diesbezüglichen Stellungnahmen im Schrifttum zurückgegriffen werden.

a. Annahme des Angebots auf Grund der Angebotsunterlage (Nr. 1)

aa. Vermutung der haftungsbegründenden Kausalität

Gem. § 12 Abs. 3 Nr. 1 besteht der Anspruch nach § 12 Abs. 1 nicht, sofern die Annahme des Angebots nicht auf Grund der Angebotsunterlage erfolgt ist. Diese Regelung findet ihre Entsprechung in § 45 Abs. 2 Nr. 1 BörsG, wo es heißt, dass ein Prospekthaftungsanspruch nach § 44 BörsG nicht besteht, sofern die Wertpapiere nicht auf Grund des Prospekts erworben wurden.

(1) Die Gründe für die Schaffung des § 45 Abs. 2 Nr. 1 BörsG

Mit der durch das 3. Finanzmarktförderungsgesetz erfolgten börsengesetzlichen Neuregelung sind die bereits zuvor für dieses Rechtsgebiet entwickelten Rechtsprechungsgrundsätze gesetzlich normiert worden.[271]

Insoweit hatte der BGH[272] bereits frühzeitig das Kriterium der sog. (positiven) „Anlagestimmung“ entwickelt, wonach unterstellt wurde, dass die in einem Börsenprospekt enthaltenen wesentlichen Informationen durch Veröffentlichungen in der Fachpresse oder im Rahmen der Anlageberatung von dem Anleger zumindest mittelbar zur Kenntnis genommen werden. Die Ursächlichkeit des Prospekts für die Anlageentscheidung wurde damit „prima-facie“ vermutet, soweit der Erwerb der Wertpapiere

---

[271] Hierzu jüngst Stephan, AG 2002, 3, 10 ff.
[272] WM 1982, 862, 867 = NJW 1982, 2827, 2828 (Beton- und Monierbau).

nach der Prospektveröffentlichung erfolgte.[273] Nur mittels dieser Vermutung sah sich der Anleger regelmäßig in der Lage, erfolgreich einen Prospekthaftungsanspruch gerichtlich durchsetzen zu können, da er oftmals den fehlerhaften Prospekt nicht gelesen hatte bzw. das Lesen nicht beweisen konnte.

Mit der Neuregelung des Börsengesetzes ist das von der Rechtsprechung entwickelte Kriterium der „Anlagestimmung" dergestalt in den Rang eines Tatbestandsmerkmals erhoben wurden, dass die Kausalität zwischen mangelhaftem Börsenprospekt und Erwerb der Wertpapiere vermutet wird.[274] Nur bei Vorliegen der Voraussetzungen des § 45 Abs. 2 Nr. 1 BörsG wird diese Vermutung für das Vorhandensein der haftungsbegründenden Kausalität widerlegt. Darin liegt eine Beweislastumkehr zugunsten des Anlegers, die ihn von den nach der früheren börsengesetzlichen Rechtslage vorhandenen Beweisschwierigkeiten enthebt.

(2) Der Regelungsgehalt des § 12 Abs. 3 Nr. 1

Der Gesetzgeber des Wertpapiererwerbs- und Übernahmegesetzes hat mit § 12 Abs. 3 Nr. 1 eine Norm geschaffen, die, indem sie eine Vermutung für das Vorliegen der haftungsbegründenden Kausalität zwischen der Veröffentlichung der Angebotsunterlage und der Annahme des Angebots aufstellt, ebenfalls eine Beweislastumkehr enthält. Der Aktionär der Zielgesellschaft braucht also im Rahmen der Geltendmachung eines Haftungsanspruchs nach § 12 nicht mehr darzulegen bzw. im Bestreitensfall zu beweisen, dass er das Angebot auf Grund der Angebotsunterlage angenommen hat. Stattdessen trifft den Bieter die Darlegungs- und Beweislast für das Fehlen des haftungsbegründenden ursächlichen Zusammenhangs. § 12 Abs. 3 Nr. 1 stellt daher ebenso wie § 45 Abs. 2 Nr. 1 BörsG eine dem Anlegerschutz dienende Vorschrift dar.

Ohne eine derartige Norm stünde zu befürchten, dass dem Aktionär der Zielgesellschaft u.U. nur deshalb ein Schadensersatzanspruch wegen einer unrichtigen oder unvollständigen Angebotsunterlage versagt bleibt, weil er die Unterlage nicht selbst gelesen hat oder zumindest das Lesen nicht zu beweisen vermag.

Auch wenn wohl davon ausgegangen werden kann, dass die Rechtsprechung ihre zur „Anlagestimmung" im Börsenrecht entwickelten Grundsätze – möglicherweise unter dem sich anbietenden Begriff „Annahmestimmung"[275] – auf das Recht des Wertpapiererwerbs aufgrund eines öffentlichen Angebots übertragen hätte, trägt die in § 12 Abs. 3 Nr. 1 getroffene Regelung, indem sie die Ungewissheit über den Ausgang möglicher gerichtlicher Verfahren beseitigt, zur Rechtssicherheit bei.

---

[273] So wörtlich Hauptmann, in: Vortmann, Prospekthaftung und Anlageberatung, § 3 Rn. 122, S. 181f.; ebs. Hopt, FS Drobnig, S. 525, 531.

[274] Vgl. aber das Urteil des LG Frankfurt (BKR 2003, 69 ff.) für den Bereich der Investmenthaftung nach § 20 KAGG: „Ein kausaler Beitrag des Verkaufsprospektes zu dem Kaufentschluss des Fondserwerbs ist nicht erforderlich." Zweifelhaft, ebs. Siller, EWiR 2003, 173 f.

[275] So auch KK-Möllers, § 12 Rn. 112; anders Haarmann, ZIP 2001, 2249, 2257: „Veräußerungsstimmung".

bb. Die Widerlegung der Vermutungsregelung

(1) Anforderungen an die Beseitigung der Vermutungswirkung

Die Reichweite der mittels § 12 Abs. 3 Nr. 1 getroffenen Vermutung ergibt sich nicht unmittelbar aus der Gesetzeslektüre. Sie ist im Zusammenhang mit der Frage von Bedeutung, welche Tatsachen die für die Angebotsunterlage Verantwortlichen darlegen und im Bestreitensfall beweisen müssen, um die gesetzliche Vermutung zu widerlegen. Müssen sie beweisen, dass der Anleger die Angebotsunterlage nicht gelesen hat - was ihnen freilich kaum gelingen dürfte -, oder genügt es, wenn sie beweisen, dass die durch § 12 Abs. 3 Nr. 1 vermutete „Annahmestimmung" zum Zeitpunkt der Annahme des Angebots nicht mehr bestand ?

Letzteres dürfte richtig sein, auch wenn sich in der amtlichen Begründung zum Wertpapierwerbs- und Übernahmegesetz auf die gestellte Frage keine ausdrückliche Antwort finden lässt. Ebenso wie in der amtlichen Begründung zu § 45 Abs. 2 Nr. 1 BörsG, wo es nach den Ausführungen zu dem von der Rechtsprechung entwickelten Kriterium der „Anlagestimmung" heißt, „die Neuregelung greift die Überlegungen der Rechtsprechung auf, indem § 45 Abs. 2 Nr. 1 BörsG die Beweislast für die Kausalität zwischen Veröffentlichung des Prospekts und Erwerb der Wertpapiere zugunsten des Anlegers umkehrt", wird es in der amtlichen Begründung zu § 12 Abs. 3 Nr. 1 auf das Kriterium der „Anlage- bzw. Annahmestimmung" Bezug genommen. Auf Grund der obigen Ausführungen[276] – Gleichlauf der § 45 Abs. 2 Nr. 1 BörsG und § 12 Abs. 3 Nr. 1 – ist davon auszugehen, dass auch der Gesetzgeber des Wertpapierwerbs- und Unternehmensübernahmegesetzes bei der Abfassung des § 12 Abs. 3 Nr. 1 die „Annahmestimmung" mitsamt ihrer Vermutungsregelung zum Tatbestandsmerkmal erheben wollte. Das bedeutet dann aber weiterhin, dass bereits mit dem Wegfall der „Annahmestimmung" – so die bisherigen Rechtsprechungsgrundsätze zur „Anlagestimmung" – auch die Vermutungswirkung des § 12 Abs. 3 Nr. 1 entfällt;[277] es also zur Beseitigung der Vermutungswirkung des Beweises, dass der Aktionär der Zielgesellschaft die Angebotsunterlage nicht gelesen hat, nicht bedarf.[278]

(2) Instrumente zum Führen des Nachweises

Folgt man dem,[279] stellt sich die Frage, wie der Nachweis des Entfallens der „Annahmestimmung" geführt werden kann. Hierfür bieten sich mehrere Möglichkeiten an. So kann durch einen Hinweis auf massive negative Presseberichte vor der Veröffentlichung der Angebotsunterlage der Beweis geführt werden, dass zu keiner Zeit eine „(positive) Annahmestimmung" geherrscht hat. Aber auch negative Pressekritik nach der Angebotsunterlagenveröffentlichung bis zum Ende der Annahmefrist ver-

[276] Vgl. unter IV 6 a.
[277] KK-Möllers, § 12 Rn. 113.
[278] Für den Bereich des Börsenrechtes führte das OLG Frankfurt/M. (ZIP 1996, 1037, 1038) im Fall Bond ausdrücklich aus: „Der prima facie unterstellte Ursachenzusammenhang zwischen Angaben im Prospekt und der Kaufentscheidung setzt jedoch voraus, dass die dem Inhalt des Prospekts entsprechende positive Anlagestimmung beim Erwerb der Papiere noch bestand."
[279] Im Börsenrecht entspricht das der herrschenden Ansicht vgl. nur Groß, Kapitalmarktrecht, §§ 45, 46 BörsG Rn. 39; Assmann/Schütze, Kapitalanlagerecht, § 7 Rn. 41.

mag die „Anlagestimmung" in Wegfall zu bringen.[280]

Kurseinbrüche sind gleichfalls geeignet, die Anlagestimmung entfallen zu lassen.[281] Insoweit war die zum Börsengesetz ergangene Rechtsprechung jedoch bislang uneinheitlich zu der Frage, welche Umfang der Kurseinbruch haben muss.[282]

Weiterhin beseitigen auch wesentliche Änderungen des Börsenindexes und der Konjunktureinschätzung die positive Stimmung.

Schließlich hat die Veröffentlichung neuer Unternehmensdaten – sowohl der Zielgesellschaft als auch des Bieters, wenn es sich bei letzterem um eine juristische Person handelt, – regelmäßig Auswirkungen auf die durch eine Angebotsunterlage vormals verursachte „Annahmestimmung", da von diesem Zeitpunkt an die neuen Unternehmensangaben für die Einschätzung der Wertpapiere[283] maßgeblicher als die Angaben in der Angebotsunterlage sind.[284]

(3) Kenntnis des Aktionärs der Zielgesellschaft von der Beseitigung der „Annahmestimmung" erforderlich ?

Das OLG Düsseldorf hat für das Entfallen der positiven Anlagestimmung eines Börsenprospekts entschieden, dass die Kausalitätsvermutung z.B. durch negative Presseberichte nur dann als widerlegt angesehen werden kann, wenn feststeht, dass der jeweilige Aktienerwerber die negative Presseverlautbarung bei seinem Kaufentschluss gekannt und ihr mehr vertraut hat als der Prospektausgabe.[285]

Es erscheint schon fraglich, ob dieser Auffassung heute noch für die Börsenprospekthaftung gefolgt werden kann. Jedenfalls für die Haftung wegen einer fehlerhaften Angebotsunterlage ist das nicht möglich. Wenn es bereits bei der Feststellung der Annahmestimmung bzw. der diesbezüglichen gesetzlichen Vermutung nicht auf die Kenntnis des Aktionärs ankommt, muss gleiches für die Beseitigung der Vermutung gelten.[286] Im übrigen liefe anderenfalls, d.h. bei Erforderlichkeit der Kenntnis des Ausschlusstatbestandes § 12 Abs. 3 Nr. 1 weitgehend leer, da sich dieser Beweis in der Praxis nicht führen lässt.

b. Kenntnis vom Mangel der Angebotsunterlage (Nr. 2)

Nach § 12 Abs. 3 Nr. 2 besteht der Anspruch gem. § 12 Abs. 1 nicht, sofern derjenige, der das Angebot angenommen hat, die Unrichtigkeit oder Unvollständigkeit der Angaben der Angebotsunterlage kannte. Mit § 12 Abs. 3 Nr. 2 ist eine Parallelvor-

---

280 So für die „Anlagestimmung" im Börsenrecht: OLG Frankfurt/M., ZIP 1996, 1037, 1038.
281 Zu §§ 45, 46 BörsG a.F.: OLG Düsseldorf, WM 1984, 586, 596.
282 Vgl. OLG Frankfurt/M. (ZIP 1994, 282, 287 = WM 1994, 291, 298) einerseits und OLG Frankfurt/M. (ZIP 1996, 1037, 1038 = WM 1996, 1216, 1219) andererseits.
283 Die Beurteilung der Wertpapiere des Bieters ist jedoch nur dann von Bedeutung, wenn der Bieter im Fall eines Übernahmeangebots von § 31 Abs. 2 Alt. 2 Gebrauch macht, also liquide Aktien als Gegenleistung anbietet.
284 Möllers, ZGR 2002, 664 ff.; OLG Frankfurt/M., ZIP 1996, 1037, 1038 für Börsenprospekthaftung.
285 OLG Düsseldorf, WM 1984, 586, 597.
286 A.A. KK-Möllers, § 12 Rn. 117.

schrift zu § 45 Abs. 2 Nr. 3 BörsG, § 20 Abs. 3 Satz 2 KAGG und § 12 Abs. 3 Satz 2 AuslInvestmG geschaffen worden.

aa. Positive Kenntnis

Bemerkenswert ist, dass § 12 Abs. 3 Nr. 2 in Übereinstimmung mit den genannten anderen Normen den Ausschluss des Schadensersatzanspruchs nur für den Fall anordnet, dass der das Angebot Annehmende die Unrichtigkeit oder Unvollständigkeit der Angebotsunterlage kannte. Allein die positive Kenntnis der Mangelhaftigkeit soll den Haftungsanspruch entfallen lassen, während einfache und sogar grobe Fahrlässigkeit nicht schaden sollen. Für die Begrenzung auf positive Kenntnis spricht – wie schon bereits bei der Einführung der Beschränkung im Rahmen der §§ 44, 45 BörsG[287] – insbesondere folgendes: Wird von demjenigen, der den Haftungsanspruch geltend macht, nicht verlangt wird, dass er die Angebotsunterlage tatsächlich gelesen hat, sondern lässt man insoweit das Vorliegen einer positiven „Annahmestimmung" genügen, kann die grob fahrlässige Unkenntnis von der Mangelhaftigkeit der Angebotsunterlage – wozu sicherlich deren Nichtlesen zählen dürfte – nicht zum Haftungsausschluss führen,[288] da anderenfalls über den Umweg des § 12 Abs. 3 Nr. 2 der Aktionär der Zielgesellschaft doch gezwungen wäre, die Angebotsunterlage zu lesen, um so ein Entfallen des Haftungsanspruchs zu vermeiden.

bb. Sonderregelung des Mitverschuldens

Der Gesetzgeber sieht in § 12 Abs. 3 Nr. 2 eine gesetzliche Sonderregelung der Frage des Mitverschuldens des Anspruchstellers. Deshalb soll dieser Einwand außerhalb des Anwendungsbereichs der Nummer 2 ausgeschlossen sein.[289]

Es ist äußerst fraglich, ob dieser Auffassung gefolgt werden kann. Immerhin erscheint es durchaus vertretbar, die gesetzliche Sonderregelung des Mitverschuldens nur auf die haftungsbegründende Kausalität zu beziehen und im Rahmen der haftungsausfüllenden Kausalität den Einwand des Mitverschuldens nicht von vornherein auszuschließen.

Ein Mitverschulden des ehemaligen Aktionärs der Zielgesellschaft gem. § 254 BGB im Zusammenhang mit der haftungsausfüllenden Kausalität zu berücksichtigen, kann z.B. in dem Fall angezeigt sein, dass der Anleger die ihm als Gegenleistung für seine

---

[287] § 46 Abs. 3 BörsG a.F. lautet noch wie folgt: „Die Ersatzpflicht ist ausgeschlossen, wenn der Besitzer des Papiers die Unrichtigkeit oder Unvollständigkeit der Angaben des Prospekts bei dem Erwerbe kannte. Gleiches gilt, wenn der Besitzer des Papiers bei dem Erwerbe die Unrichtigkeit der Angaben des Prospekts bei der Anwendung derjenigen Sorgfalt, welche er in eigenen Angelegenheiten beobachtet, kennen musste, es sei denn, dass die Ersatzpflicht durch bösliches Verhalten begründet ist." Daraus ist allgemein entnommen worden, dass nicht nur positive Kenntnis, sondern auch leichtfertige Unkenntnis zum Haftungsausschluss führte. Kritik ist vor allem am subjektiven Maßstab der eigenüblichen Sorgfalt (diligentia quam in suis i.S.d. § 277 BGB) geübt worden, da diese zur Folge haben konnte, „dass ein kundiger Investor, der in seinen eigenen Angelegenheiten nachlässig verfährt, mit seiner Klage Erfolg hat, während ein stets sehr sorgfältiger Anlegerneuling dem Ausschluss nach § 45 Abs. 3 Satz 2 unterfällt" (Schwark, BörsG, §§ 45, 46 Rn. 37 a.E.).

[288] Für das Börsenrecht so Kort, AG 1999, 9, 14 sowie ihm folgend Groß, Kapitalmarktrecht, §§ 45, 46 BörsG Rn. 60; ders., AG 1999, 199, 209; Assmann/Schütze, Kapitalanlagerecht, § 7 Rn. 45.

[289] Amtliche Begründung, S. 61, 107.

Aktien an der Zielgesellschaft gebotenen anderen liquiden stimmberechtigten Aktien zu einem geringeren als dem Börsenpreis veräußert.

Ob auch die Konstellation, dass der Anleger die ihm als Gegenleistung gebotenen Aktien längerfristig in seinem Depot behält und dadurch den Schaden vergrößert, den Einwand den Mitverschuldens zu rechtfertigen vermag, erscheint vor dem Hintergrund, dass den ehemaligen Aktionär der Zielgesellschaft auch unter Schadensminderungsgesichtspunkten weder eine Verkaufspflicht noch eine ständige Kursbeobachtungspflicht trifft, mehr als zweifelhaft.[290]

c. Berichtigung der Angebotsunterlage (Nr. 3)

Der Anspruch auf Schadensersatz wegen einer fehlerhaften Angebotsunterlage gem. § 12 Abs. 1 ist schließlich auch dann ausgeschlossen, wenn vor der Annahme des Angebots in einer Veröffentlichung nach § 15 Wertpapierhandelsgesetz oder einer vergleichbaren Bekanntmachung eine deutlich gestaltete Berichtigung der unrichtigen oder unvollständigen Angaben im Inland veröffentlicht wurde.

§ 12 Abs. 3 Nr. 3 orientiert sich an § 45 Abs. 2 Nr. 4 BörsG und stimmt mit diesem nunmehr, nachdem im Gesetzgebungsverfahren noch Abweichungen existierten, nahezu vollständig überein.[291] Die Vorbildsnorm ist selbst erst durch das 3. Finanzmarktförderungsgesetz[292] geschaffen worden. Ihr Einfügen diente dem Ziel, zu klären, welche Auswirkungen die Verwendung von Nachträgen (z.B. gem. § 11 VerkProspG) auf unrichtige Börsenprospekte hat.[293] Der Zweck des § 12 Abs. 3 Nr. 3 dürfte daher ebenfalls darin zu sehen sein, verbindlich zu regeln, welche Voraussetzungen eingehalten werden müssen, um eine fehlerhafte Angebotsunterlage mit dem Ziel zu berichtigen, Haftungsansprüche derjenigen auszuschließen, die nach der Berichtigung das Angebot angenommen haben.

aa. Form der Berichtigung

§ 12 Abs. 3 Nr. 3 in seiner endgültigen Fassung erlaubt zwei Formen der Berichtigung. Zum einen steht der Weg über eine ad hoc-Veröffentlichung nach § 15 WpHG den Verantwortlichen und den Personen, von denen der Erlass der Angebotsunterlage ausgegangen ist, offen. Zum anderen ist es ihnen – ebenso wie den nach §§ 44, 45 BörsG verantwortlichen Personen – möglich, die Berichtigung im Rahmen einer mit einer Veröffentlichung nach § 15 WpHG vergleichbaren Bekanntmachung vorzunehmen. Demgegenüber werden die Möglichkeiten der Berichtigung im Rahmen des Jahresabschlusses und des Zwischenberichts nicht erwähnt. Das dürfte sich mit der Kürze der Annahmefrist erklären lassen. Im übrigen hat der Gesetzgeber gut daran getan, § 12 Abs. 3 Nr. Alt. 2 aufzunehmen, da ein Grund für den Ausschluss, die Berichtigung mittels einer „vergleichbaren Bekanntmachung" durchzuführen, nicht ersichtlich war. Weshalb eine Berichtigung der Angebotsunterlage nicht durch eine entsprechende Bekanntmachung im Internet oder durch Abdruck in einem überregi-

[290] Für ein Mitverschulden in diesem Fall Hamann, in: Schäfer, WpHG/BörsG/VerkProspG, §§ 45, 46 BörsG n.F. Rn. 63 in Bezug auf die Börsenprospekthaftung.
[291] Vgl. dazu unten sogleich.
[292] BGBl. I vom 24.3.1998, S. 529 ff.
[293] Groß, Kapitalmarktrecht, § 47 BörsG Rn. 61.

onalen Börsenpflichtblatt oder durch Bereithalten zur kostenlosen Ausgabe bei einer geeigneten Stelle im Inland hätte möglich sein sollen, hätte nicht zu überzeugen vermocht.

bb. Die Gestaltung der Berichtigung

§ 12 Abs. 3 Nr. 3 verlangt eine deutlich gestaltete Berichtigung. In der amtlichen Begründung heißt es dazu, dass die Berichtigung in einer Form abgefasst sein muss, „die es den Adressaten ohne aufwendige Nachforschung ermöglicht, davon Kenntnis zu nehmen, dass die Berichtigung von der Angebotsunterlage abweichende Angaben enthält.“[294]

Daraus ist zu entnehmen, dass der Gesetzgeber den Aktionären der Zielgesellschaft eigene Nachforschungen zumutet, solange diese sich nicht aufwendig gestalten. Gemessen hieran dürfte es den Anlegern, wenn in der Berichtigung auf eine Abweichung von einem bestimmten Punkt der Angebotsunterlage hingewiesen wird, z.B. zumutbar sein, (nochmals) in die Angebotsunterlage Einsicht zu nehmen, um sich so über die Abweichung Klarheit zu verschaffen.

Indem der Gesetzgeber davon spricht, dass den Adressaten ohne aufwendige Nachforschungen erkennbar sein soll, dass die Berichtigung von der Angebotsunterlage abweichende Angaben enthält, geht er immanent von einer Kenntnis der Aktionäre der Zielgesellschaft vom Vorliegen einer Berichtigung aus. Ein derartiges Bewusstsein setzt jedoch eine ausdrückliche Bezeichnung der Veröffentlichung gem. § 15 WpHG als „Berichtigung“ voraus. Andernfalls könnte für die Adressaten der Bekanntmachung bei der Veröffentlichung derselben der Eindruck entstehen, es handele sich um eine bloße Ergänzung oder um einen Nachtrag aus Gründen der Aktualität.

Das Verlangen nach einer ausdrücklichen Bezeichnung als „Berichtigung“, um einen Haftungsausschluss gem. § 12 Abs. 3 Nr. 3 zu erreichen, könnte im Widerspruch zur amtlichen Begründung des § 45 Abs. 2 Nr. 4 BörsG stehen. Dort heißt es insoweit, „dass es zwar nicht erforderlich sei, ausdrücklich darauf hinzuweisen, dass eine Angabe im Börsenzulassungsprospekt fehlerhaft dargestellt oder unterblieben sei, da eine solche Verpflichtung in der Praxis einer Aufforderung zur Geltendmachung von Prospekthaftungsansprüchen gleichkomme und die Möglichkeit zur Berichtigung daher nicht wahrgenommen werden würde. Jedoch müsse sich einem verständigen Leser, dem sowohl der fehlerhafte Prospekt als auch die Berichtigung vorliege, ohne aufwendige Nachforschung erschließen, dass die Berichtigung von dem Prospekt abweichende Angaben enthalte.“[295]

Die in dieser Erläuterung zum Ausdruck kommende Gratwanderung[296] zwischen „deutlicher Gestaltung“ einerseits und Unterlassen eines ausdrücklichen Hinweises andererseits hat im börsengesetzlichen Schrifttum zu unterschiedlichen Auffassungen darüber geführt, wie eine deutlich gestaltete Berichtigung auszusehen habe.

---

[294] Amtliche Begründung, S. 61, 107.
[295] BT-Drucks. 13/8933, S. 81 (Begr. RegE).
[296] So wörtlich Hamann, in: Schäfer, WpHG/BörsG/VerkProspG, §§ 45, 46 BörsG n.F. Rn. 45.

So wurde gemutmaßt, dass sich die Praxis auf den in der Gesetzesbegründung zum Ausdruck gekommenen gesetzgeberischen Willen berufen und so versuchen werde, die Berichtigung in möglichst kaschierter Form vorzunehmen.[297] Richtigerweise ist jedoch auch im Börsenrecht dem Wortlaut der Norm und nicht deren – wenn auch amtlicher – Begründung zu folgen. Der Wortlaut von § 45 Abs. 2 Nr. 4 BörsG verlangt indes ebenso wie § 12 Abs. 3 Nr. 3 eine deutliche Gestaltung der Berichtigung. Eine Berichtigung ist aber nur dann deutlich gestaltet, wenn sie zumindest als Berichtigung bezeichnet wird.[298] Darüber hinaus ist zu verlangen, dass die Stelle in Angebotsunterlage oder im Prospekt (unter Angabe der Seitenzahl) genannt wird, die die Unrichtigkeit enthält.[299] Nur wenn eine Berichtigung diese beiden Punkte berücksichtigt, handelt es sich um eine deutlich gestaltete Berichtigung.[300]

Das von der Gegenseite hiergegen vorgetragene Argument, die Möglichkeit der Berichtigung bei einer derart weitgehenden „Hinweispflicht" werde nicht wahrgenommen werden, weil das einer Aufforderung zur Geltendmachung von Schadensersatzansprüchen gleichkomme, berücksichtigt nicht in genügendem Maße die Vorteile, die eine Berichtigung bietet.

cc. Keine Kenntnis des Aktionärs von der erfolgten Berichtigung erforderlich

Auf die Kenntnis des Aktionärs von der Berichtigung der Angebotsunterlage kommt es nicht. Der Gesetzgeber hat u.a. deshalb auf diese Kenntnis des Aktionärs verzichtet, weil der Anleger auch von der fehlerhaften Angebotsunterlage selbst keine Kenntnis haben muss, so dass es nur billig erscheint, bei der Berichtigung entsprechend zu verfahren.[301]

Im übrigen würde, wollte man den Nachweis der Kenntnis der Berichtigung für jeden einzelnen Aktionär verlangen, die Möglichkeit der Berichtigung praktisch ins Leere gehen.

dd. Zuständigkeit für die Berichtigung

Für die Berichtigung der Angebotsunterlage sind sowohl diejenigen, die für sie die Verantwortung übernommen haben (§ 12 Abs. 1 Nr. 1), als auch diejenigen, von denen der Erlass der Angebotsunterlage ausgeht (§ 12 Abs. 1 Nr. 2), zuständig. Dabei ist auf Grund der jeden Gesamtschuldner im Innenverhältnis treffenden Schadensminderungspflicht von einer Alleinzuständigkeit auszugehen.

---

[297] So auch die Befürchtung von Hamann, in: Schäfer, WpHG/BörsG/VerkProspG, §§ 45, 46 BörsG n.F. Rn. 45.
[298] A.A. KK-Möllers, § 12 Rn. 127 (Hinweis auf abweichende Angaben); wie hier: Haarmann/Renner, § 12 Rn. 45.
[299] Vgl. insoweit auch die Entscheidung des OLG Frankfurt/M. im Fall MHM-Mode (ZIP 1999, 1005), wo für eine Korrektur eines in den Unternehmensberichts aufgenommenen Lageberichts im Unternehmensbericht selbst verlangt wird, dass zwischen den korrekturbedürftigen Zahlen und der an anderer Stelle erfolgten Korrektur eine Beziehung - etwa durch einen Verweis - hergestellt wird; ausführlicher dazu unter Aktualitätsgebot IV 6 c ff.
[300] Noch weitergehend Haarmann/Renner (§ 12 Rn. 45), der eine Gegenüberstellung von richtiger und fehlerhafter Angabe verlangt.
[301] KK-Möllers, § 12 Rn. 128.

ee. Rechtsfolgen einer Berichtigung

Sind die Voraussetzungen einer Berichtigung gem. § 12 Abs. 3 Nr. 3 erfüllt, entfallen mögliche Ersatzansprüche derjenigen, die nach der Berichtigung das Angebot annehmen. Haftungsansprüche, die bereits vor der Berichtigung entstanden sind, bleiben unberührt. Der Anspruchsausschluss wirkt also nur in die Zukunft (ex nunc).[302]

Der Nachtrag zur Angebotsunterlage, in dem die Berichtigung erfolgt, kann im Falle seiner Unrichtigkeit oder Unvollständigkeit selbst möglicher Haftungsgegenstand sein.[303]

ff. Bestehen einer Pflicht zur Aktualisierung des Angebots

(1) Differenzierung zwischen Berichtigung und Aktualisierung

Von der in § 12 Abs. 3 Nr. 3 erwähnten Möglichkeit zur Berichtigung der fehlerhaften Angebotsunterlage ist deren Aktualisierung zu unterscheiden.[304] Während eine im Zeitpunkt der Veröffentlichung fehlerhafte Angebotsunterlage durch eine Berichtigung fehlerfrei werden kann, kann umgekehrt eine im Moment der Veröffentlichung richtige und vollständige Angebotsunterlage fehlerhaft werden durch später eintretende Änderungen bei den Angaben, die notwendig sind, damit die Aktionäre der Zielgesellschaft in Kenntnis der Sachlage über das Angebot entscheiden können (§ 11 Abs. 1 Satz 2). In diesem Fall besteht die Möglichkeit, die Angebotsunterlage durch einen Nachtrag auf den neuesten Stand zu bringen, sie also zu aktualisieren.

Ein solcher Fall könnte z.B. eintreten, wenn Änderungen bei den mit dem Bieter gemeinsam handelnden Personen erfolgen oder wenn sich relevante laufende behördliche Verfahren fortentwickelt haben.

(2) Pflicht zur Aktualisierung

Fraglich ist, ob den Bieter eine Pflicht trifft, die Angebotsunterlage durch einen Nachtrag zu aktualisieren, wenn sie während des Laufs der Annahmefrist fehlerhaft wird. Aus dem Wertpapiererwerbs- und Übernahmegesetz selbst ergibt sich eine permanente Aktualisierungspflicht[305] nicht ausdrücklich. Auch in der amtlichen Begründung wird eine Pflicht des Bieters, die Angebotsunterlage auf dem neuesten Stand zu halten, nicht erwähnt. Gleiches gilt schließlich auch für die WpÜG-AngebotsVO.[306] Insofern unterscheidet sich das Wertpapiererwerbs- und Übernahmegesetz von den börsenrechtlichen Vorschriften. Dort findet sich zumindest für den Zeitraum zwischen der Veröffentlichung des Börsenprospekts und der Einführung der Wertpapiere in § 52 Abs. 2 BörsZulVO die Pflicht, einen Nachtrag zu veröffentlichen, wenn in dieser

---

302 KK-Möllers, § 12 Rn. 122.

303 Vgl. zur Berichtigung gem. § 15 WpHG als Haftungsgegenstand i.S.d. § 12 Abs. 1 bereits oben unter IV 1 a ee.

304 Zu dieser Unterscheidung jüngst ausführlich Stephan, AG 2002, 3, 6 f., der zutreffend darauf hinweist, dass nicht immer ausreichend zwischen Aktualisierung einerseits und Berichtigung andererseits differenziert wird. Ebenso KK-Möllers, § 12 Rn. 49 und 66.

305 So ausdrücklich für den Börsenprospekt Assmann, Prospekthaftung, S. 222.

306 BGBl. I 2001, 4263 ff.

Zeit Veränderungen eingetreten sind, die für die Beurteilung des Emittenten oder der einzuführenden Wertpapiere von wesentlicher Bedeutung sind.[307] Auch wenn es für den Zeitraum zwischen der Erstellung des Börsenzulassungsprospekts und dessen Veröffentlichung an einer ausdrücklichen Normierung fehlt, wird doch auch hier eine Aktualisierungspflicht angenommen, die letztlich auf § 44 Abs. 1 Satz 1 i.V.m. § 45 Abs. 2 Nr. fußen soll.[308]

Für die Angebotsunterlage ist ebenfalls – auch wenn es an einem gesetzlichen Anknüpfungspunkt fehlt – vom Bestehen einer Aktualisierungspflicht auszugehen.[309] Diese folgt aus § 11 Abs. 1 Satz 2 selbst. Wenn es dort heißt, die Angebotsunterlage müsse die Angaben enthalten, die notwendig sind, um in Kenntnis der Sachlage über das Angebot entscheiden zu können, muss das bedeuten, die Angebotsunterlage muss bis zum Ende der Annahmefrist richtig und vollständig sein. Damit einher geht die Pflicht zur permanenten Aktualisierung bis zu diesem Zeitpunkt.[310]

Entgegen der vom OLG Frankfurt/M.[311] zum Börsenprospekt vertretenen Ansicht ist auch davon auszugehen, dass nicht der Zeitpunkt von dessen Veröffentlichung bzw. der Veröffentlichung der Angebotsunterlage, sondern der Moment der Einführung der Wertpapiere bzw. des Endes der Annahmefrist für die Beurteilung der Richtigkeit der Veröffentlichung ist.

d. Unrichtigkeit nicht kausal für (geringen) Umfang der Gegenleistung

In § 45 Abs. 2 Nr. 2 BörsG findet sich eine Regelung, wonach der Prospekthaftungsanspruch ausgeschlossen ist, wenn der im Prospekt fehlerhaft dargestellte Sachverhalt nicht zu einer Minderung des Börsenpreises geführt hat. Mit diesem Ausschlussgrund sollen die Fälle mangelnder Ursächlichkeit des Prospektmangels für den Schaden des Anlegers erfasst werden.[312] Für das WpÜG fehlt es an einer § 45 Abs. 2 Nr. 2 BörsG vergleichbaren Norm. Auch hier hätte indes die Möglichkeit bestanden, die Haftung für eine fehlerhafte Angebotsunterlage auszuschließen, wenn die Unrichtigkeit der Angebotsunterlage nicht zu einem Schaden der Inhaber der Wertpapiere der Zielgesellschaft geführt hat, also die angebotene Gegenleistung nicht angemessen war. Gleichwohl kann aus meiner Sicht auf eine § 45 Abs. 2 Nr. 2 BörsG entsprechende Vorschrift sehr gut verzichtet werden. Das resultiert daraus, dass die „Vorbildsnorm" selbst kaum einen Anwendungsbereich besitzt: einer Angabe, die nicht zu einem Schaden führt, mangelt es regelmäßig schon an der Wesentlich-

---

[307] Vgl. Stephan, AG 2002, 3, 6 f.
[308] Groß, Kapitalmarktrecht, §§ 45, 46 Rn. 33 f.
[309] KK-Möllers, § 12 Rn. 50 ff.; Oechsler, ZIP 2003, 1330 ff.
[310] Im Ergebnis ebs. Assmann (AG 2002, 153, 156 f.), der jedoch auch eine Analogie zu § 11 VerkProspG erwägt. Ebs. auch KK-Hasselbach, § 21 Rn. 28. Ausführlich zur Aktualisierungspflicht: KK-Möllers, § 12 Rn. 49, der diese jedoch als erledigt ansieht, wenn der einzelne Wertpapierinhaber das Angebot angenommen hat. Das hat zur Folge, dass die Aktualisierungspflicht nicht einheitlich mit dem Ende der Annahmefrist, sondern gegenüber jedem Aktionär der Zielgesellschaft zu einem anderen Zeitpunkt – nämlich mit dessen Annahme des Angebots – endet. Das erscheint unter dem Gesichtspunkt der Gläubigergleichbehandlung zweifelt. In hiesigen Sinne auch Oechsler, ZIP 2003, 1330, 1331.
[311] WM 1994, 291, 295.
[312] Dazu im einzelnen Hamann, in: Schäfer, WpHG/BörsG/VerkProspG, §§ 45, 46 BörsG Rn. 39f.

keit.[313] Demzufolge bedeutet der Verzicht auf eine Entsprechung zu § 45 Abs. 2 Nr. 2 BörsG keine Einschränkung des Anlegerschutzes.

7. Eintritt eines Schadens

Der (ehemalige) Aktionär der Zielgesellschaft muss einen Schaden erlitten haben.

Das Vorliegen eines Schadens ist ebenso wie im allgemeinen Zivilrecht anhand der sog. Differenzhypothese zu bestimmen. Danach besteht der Schaden in der Differenz zweier Vermögenslagen: der tatsächlich durch das Schadensereignis geschaffenen Vermögenslage auf der einen und der unter Ausschaltung dieses Ereignisses gedachten Vermögenslage auf der anderen Seite. Ein Vermögensschaden ist daher zu bejahen, wenn der tatsächliche Wert des Vermögens des Geschädigten geringer ist als der Wert, den das Vermögen ohne das die Ersatzpflicht begründende Ereignis haben würde.[314]

Angewandt auf den Fall des § 12 Abs. 1 bedeutet dies, dass die Vermögenslage, die durch die Veröffentlichung einer richtigen Angebotsunterlage eingetreten wäre, und die Vermögenslage, die aufgrund der unrichtigen Angebotsunterlage tatsächlich vorhanden ist, zu vergleichen sind. Die sich aus beiden Vermögenssituationen ergebende Differenz stellt den Schaden dar.

8. Haftungsausfüllende Kausalität

Der Schadensersatzanspruch gem. § 12 Abs. 1 setzt das Vorliegen der haftungsausfüllenden Kausalität voraus.

a. Begriff

Unter der haftungsausfüllenden Kausalität ist allgemein der Ursachenzusammenhang zwischen dem Haftungsgrund (Rechtsgutverletzung) und dem entstandenen Schaden zu entstehen. Das bedeutet, der auf Seiten des Aktionärs der Zielgesellschaft eingetretene Schaden muss also gerade auf der Annahme des vom Bieter abgegebenen Angebotes beruhen.

An der haftungsbegründenden Kausalität fehlt es daher, wenn der entstandene Schaden auf Umständen außerhalb der Angebotsunterlage beruht. Aber auch dann, wenn der Schaden ebenfalls bei pflichtgemäßen Verhalten eingetreten wäre, mangelt es an der haftungsausfüllenden Kausalität. Dieser sog. Einwand des rechtmäßigen Alternativverhaltens[315] ist damit ebenso wie im allgemeinen Zivilrecht grundsätzlich beachtlich, da regelmäßig für derartige Schäden der Schutzzweck des § 12 nicht erfüllt ist.

---

[313] Zur Wesentlichkeit vgl. oben IV 2 b.
[314] BGHZ 75, 366, 371; 86, 128, 130 ff.; 98, 212, 217; BGH NJW 1978, 262, 263 f.; 1981, 976; 1983, 444; 1987, 50; 1998, 302.
[315] Grundlegend hierzu von Caemmerer, Das Problem der überholenden Kausalität (1962), S. 30; zu der Entwicklung der obergerichtlichen Rspr. zum rechtmäßigen Alternativverhalten vgl. BAG NJW 1970, 1469, 1470; 1976, 644, daselbst einerseits und BAG NJW 1980, 2375, 2376; 1981, 2430, daselbst; 1984, 2846, 2847; BGH, NJW 1993, 520, 521 andererseits.

b. Beweislast

Während für die haftungsbegründende Kausalität zwischen der unrichtigen oder unvollständigen Angebotsunterlage und der Annahme des Angebots gem. § 12 Abs. 3 Nr. 1 eine gesetzliche Vermutung spricht, fehlt es für den haftungsausfüllenden ursächlichen Zusammenhang an einer entsprechenden Regelung. Daraus ist zu entnehmen, dass eine gesetzliche Vermutung für die haftungsausfüllende Kausalität nicht existiert. Stattdessen ist Raum für die Anwendung des § 286 Abs. 1 Satz 1 ZPO. Das Gericht hat daher unter Berücksichtigung des gesamten Inhalts der mündlichen Verhandlung und des Ergebnisses der Beweisaufnahme nach freier Überzeugung zu entscheiden.

Etwas anderes gilt nur im Fall des Entfallens des Schadensersatzanspruchs wegen rechtmäßigen Alternativverhaltens. Hier trägt der Schädiger die Beweislast dafür, dass der Schaden auf jeden Fall eingetreten wäre.[316]

c. Mitverschulden

Im Rahmen der haftungsbegründenden Kausalität ist der Einwand des Mitverschuldens ausgeschlossen, da § 12 Abs. 3 Nr. 2 insoweit als Sonderregelung angesehen wird.[317] Mangels einer § 12 Abs. 3 Nr. 2 entsprechenden Regelung für die haftungsausfüllende Kausalität ist davon auszugehen, dass in diesem Bereich § 254 BGB Anwendung findet.

Ob ein mitwirkendes Verschulden in der Praxis überhaupt einmal angenommen werden kann, ist angesichts der wenigen in Betracht kommenden Konstellationen mehr als zweifelhaft.

9. Haftungsbeschränkung

Nach § 12 Abs. 5 ist eine Vereinbarung, durch die der Anspruch nach § 12 Abs. 1 im Voraus ermäßigt oder erlassen wird, unwirksam. Die Vorschrift entspricht inhaltlich § 47 Abs. 1 BörsG. Sie stellt klar, dass Vereinbarungen über die Beschränkung der Haftung nach § 12 Abs. 1 im Vorhinein unwirksam sind. Damit wird zugleich deutlich, dass nachträgliche Vereinbarungen nicht in den Anwendungsbereich des § 12 Abs. 5 fallen. Diese sind daher zulässig. Deshalb ist es den Beteiligten auch nicht verwehrt, z.B. im Vergleichswege über den Anspruch zu verfügen.[318] Nur in Bezug auf haftungsbeschränkende Vereinbarungen im Voraus ist § 12 Abs. 1 nicht dispositiv.

In der amtlichen Begründung wird der Begriff „im Voraus“ mit den Worten „Entstehung des Anspruchs“ umschrieben.[319] Folgt man dem, ist es den zum Schadensersatz verpflichteten Personen möglich, mit dem Schadensersatzberechtigten eine haftungsbeschränkende Vereinbarung zu treffen, noch bevor Letzterer Kenntnis vom Entstehen des Anspruchs erlangt hat. Richtigerweise sollte daher die Kenntnis des

[316] BGHZ 29, 176, 187; 61, 118, 123; NJW 1993, 520, 521.
[317] Vgl. oben IV 6 b.
[318] So für § 47 Abs. 1 BörsG auch Sittmann, NZG 1998, 490, 492.
[319] Amtliche Begründung, S. 61, 108.

Ersatzberechtigten vom Entstehen des Anspruchs den maßgeblichen Zeitpunkt i.S.d § 12 Abs. 5 markieren. Nur so ist ein wirksamer Anlegerschutz durchsetzbar.[320]

10. Zusammenfassung zur Beweislast

Im Rahmen der Erläuterungen zu den einzelnen Voraussetzungen für die Geltendmachung des Haftungsanspruchs ist bereits verschiedentlich auf Fragen der Beweislastverteilung eingegangen worden. Im Folgenden wird – differenziert nach Anspruchsinhaber und Anspruchsgegner – nochmals eine Zusammenfassung in Form einer „Check-Liste" erstellt.

a. Beweislast des Anspruchsinhabers

Der Anspruchsinhaber trägt die Beweislast für

- das Vorliegen einer Angebotsunterlage i.S.d. § 11 Abs. 1 Satz 1
- die Unrichtigkeit oder Unvollständigkeit der Angebotsunterlage
- die Wesentlichkeit der unrichtigen oder unvollständigen Angabe
- die Annahme des in der Angebotsunterlage unterbreiteten Angebots
- die Übertragung der Wertpapiere
- den Eintritt eines Schadens und
- das Vorliegen der haftungsausfüllenden Kausalität zwischen Annahme des Angebots und Eintritt des Schadens.

b. Beweislast des Anspruchsgegners

Der Anspruchsgegner trägt die Beweislast für

- das Fehlen des Verschuldens
- das Vorliegen eines Ausschlussgrundes gem. § 12 Abs. 3
- das Fehlen der haftungsbegründenden Kausalität zwischen der unrichtigen Angebotsunterlage und der Annahme des Angebots und
- das Vorliegen einer Haftungsbeschränkung gem. § 12 Abs. 5, soweit diese überhaupt zulässig ist.

---

[320] Ebenso Steinmeyer/Häger, § 12 Rn. 41; a.A. wegen des Wortlauts: KK-Möllers, § 12 Rn. 147.

V. Rechtsfolgen

Liegen sämtliche Tatbestandsvoraussetzungen vor, kann der Geschädigte Schadensersatz verlangen.

1. Umfang des Schadensersatzanspruchs

Zum Umfang des Schadensersatzanspruchs heißt es in § 12 Abs. 1, dass der Ersatz des aus der Annahme des Angebots entstandenen Schadens verlangt werden kann. Der Wertpapierinhaber ist also so zu stellen, als hätte er die wahre Sachlage gekannt. Der Schadensersatzpflichtige schuldet demnach die Herstellung des Zustandes, der dem hypothetischen, d.h. schadensfreien möglichst nahe kommt.[321]

a. Positives oder negatives Interesse ?

Damit noch nicht entschieden ist, ob auf das negative oder das positive Interesse gehaftet wird. Hierfür ist regelmäßig u.a. der Schutzzweck der verletzten Verhaltensnorm[322] maßgeblich. § 12 soll – wie oben bereits erläutert – Sorge dafür tragen, dass die Veröffentlichung einer fehlerhaften Informationsgrundlage nicht sanktionslos möglich ist. Mit der Vorschrift soll demnach die unrichtige Information des Kapitalmarkts mit einer Haftung belegt werden. Dafür ist es jedoch ausreichend, den durch das zu Unrecht in Anspruch genommene Vertrauen entstandenen Schaden zu ersetzen, also das negative Interesse zu gewähren.

Im Zusammenhang mit der Erörterung der Frage nach der Rechtsnatur der Haftungsnorm[323] ist bereits ausführlich dargelegt worden, dass es sich bei der Haftung wegen einer unrichtigen Angebotsunterlage um eine kraft Gesetzes eintretende Vertrauenshaftung handelt. Dabei wurde darauf hingewiesen, dass diese Einordnung für die Klärung des Umfangs eines Schadensersatzanspruchs von Bedeutung sein kann.[324] Während nämlich der Schädiger für eine Vertragsverletzung auf das positive Interesse (Erfüllungsinteresse) haftet, also den Zustand herzustellen hat, der bei ordnungsgemäßer Durchführung des Vertrages gegeben wäre,[325] kann bei einer Haftung auf das negative Interesse (Vertrauensinteresse) der Geschädigte lediglich verlangen, so gestellt zu werden, als sei das ungerechtfertigte Vertrauen nicht erweckt worden.[326] Im Falle der deliktischen Haftung ist der Schadensersatz de facto auf das negative Interesse gerichtet, da der Geschädigte einen Anspruch darauf hat, so behandelt zu werden, als wäre die unerlaubte Handlung nicht geschehen.[327]

Geht man entsprechend den obigen Ausführungen von der rechtlichen Einordnung des § 12 als einer kraft Gesetzes eintretenden Vertrauenshaftung aus, spricht folglich

---

[321] Staudinger-Schiemann, BGB, § 249 Rn. 182.
[322] Staudinger-Oetker, BGB, § 249 Rn. 121.
[323] Vgl. oben II.
[324] Vgl. oben II.
[325] Larenz, Schudrecht AT I § 27 II b 4, S. 430; Staudinger-Oetker, BGB, § 249 Rn. 122.
[326] Larenz, Schudrecht AT I § 27 II b 4, S. 431 f.
[327] Gleichwohl kann nicht geleugnet werden, dass im Deliktsrecht die Kategorien von positivem und negativem Interesse mangels eines vertraglichen Erfüllungsversprechens nicht passen. Ebenso Fikentscher, Schuldrecht, § 50 I 7 Rn. 460 a.E.; Staudinger-Oetker, BGB, § 249 Rn. 124.

auch das dafür, mit dem Schadensersatzanspruch (lediglich) das negative Interesse zu gewähren.[328] Als weiteres Argument hierfür lässt sich ebenfalls ein Vergleich mit den §§ 44 f. BörsG anführen, die trotz ihrer Modifikationen (§ 44 Abs. 1 Satz 2, Abs. 2 Satz 1 BörsG) im Grundsatz ebenso auf das Vertrauensinteresse gerichtet sind. Schließlich spricht vor dem Hintergrund der Rechtsvereinheitlichung auch eine Rückbesinnung auf die allgemeine Prospekthaftung[329] für die Gewährung von Schadensersatz in diesem Umfang. Selbstredend ist der Ersatzanspruch auf das negative Interesse nicht durch das positive Interesse begrenzt. Er kann also über das positive Interesse hinausgehen.

b. Die Rückabwicklung

Rechtsfolge des Schadensersatzanspruchs ist – bei Gewährung des negativen Interesses – eine Rückabwicklung der gegenseitig empfangenen Leistungen. Es müssen also seitens des Bieters die Wertpapiere an der Zielgesellschaft Zug um Zug gegen Rückgabe der Gegenleistung zurückgewährt werden. Hierbei kann es zu mannigfaltigen Problemen kommen - sei es, dass die Gegenleistung nicht mehr vorhanden ist oder sei es, dass die Wertpapiere der Zielgesellschaft nicht mehr den Wert haben, den sie bei Annahme des öffentlichen Angebots oder in der Zeit zwischen der Annahme und der Rückabwicklung der Leistungen hatten. Angesichts dessen ist bei der Abwicklung des Schadensersatzanspruchs wie folgt zu differenzieren:

aa. Wertpapiere als Gegenleistung

Hatte der Bieter als Gegenleistung für die Wertpapiere der Zielgesellschaft selbst Wertpapiere gegeben, so sind im Grundsatz diese liquiden Aktien, die zum Handel an einem organisierten Markt zugelassen sein müssen, Zug um Zug gegen Herausgabe der Wertpapiere an der Zielgesellschaft zurückzugewähren.

Wenn allerdings dem vormaligen Aktionär der Zielgesellschaft die Rückgabe der erhaltenen Wertpapiere nicht möglich ist (beispielsweise weil er die Wertpapiere bereits schon wieder veräußert hat), wird man von ihm verlangen müssen, dass er den erhaltenen Verkaufserlös an den Bieter herausgibt. Das dürfte selbst dann zu gelten haben, wenn sich der insoweit Herausgabepflichtige partiell mit dem Hinweis weigert, er habe den (hohen) Verkaufserlös nur aufgrund seiner persönlichen „Geschäftstüchtigkeit" erzielt.

Neben der soeben erörterten Konstellation, dass dem ehemaligen Aktionär der Zielgesellschaft die Rückabwicklung nicht möglich ist, ist es auch denkbar, dass sich der Bieter auf die Unmöglichkeit beruft. Hierzu kann es namentlich dann kommen, wenn die Wertpapiere der Zielgesellschaft nicht mehr existent sind, etwa weil die Zielgesellschaft mit der Bietergesellschaft verschmolzen ist. Dann liegt ein Fall vor, der nach § 251 Abs. 1 Alt. 1 BGB (rechtliche Unmöglichkeit) zu beurteilen ist. Das bedeutet, der Bieter muss den Verletzten in Geld in entschädigen. Diesem ist der Wert der Wertpapiere der Zielgesellschaft zu zahlen, wobei sich die Frage stellt, auf wel-

---

[328] So auch KK-Möllers, § 12 Rn. 131 f.; Steinmeyer/Häger, § 12 Rn. 27.

[329] BGHZ 74, 103, 114; 79, 337, 347; Köndgen, AG 1983, 85, 98; Pleyer/Hegel, ZIP 1985, 1370, 1376; Assmann, FS Lange, S. 345, 352 f.

chen Zeitpunkt bei der Wertfestsetzung abzustellen ist. Möllers[330] meint insoweit, es sei der Moment der Annahme des Angebots maßgeblich. Das halte ich insbesondere in dem Fall, dass es bis zum Eintritt der Unmöglichkeit der Wertpapierrückgabe zu einer Wertsteigerung bei den Aktien der Zielgesellschaft gekommen ist, für nicht zwingend.

Wieder anders ist die Konstellation zu beurteilen, dass die Rückgabe der Wertpapiere an den Geschädigten zwar möglich ist, hierdurch allein dessen Schaden jedoch nicht vollständig ersetzt wird. Das kann beispielsweise der Fall sein, weil der Kurs der Wertpapiere der Zielgesellschaft zwischenzeitlich durch das Vorhandensein des Bieters als Großaktionär einen erheblichen Niedergang erlebt hat. In dieser Situation steht dem Verletzten ein Geldersatzanspruch gem. § 251 Abs. 1 Alt. 2 BGB zu.

bb. Geld als Gegenleistung

Hat der Verletzte Geld als Gegenleistung erhalten, hat er dieses Zug um Zug gegen Rückgabe der Wertpapiere an der Zielgesellschaft zurückzugewähren. Unmöglichkeitsfragen auf Seiten des Geschädigten dürften sich dann nicht stellen. Sieht sich demgegenüber der Bieter zur Rückgewähr der Wertpapiere der Zielgesellschaft nicht in der Lage, findet wiederum § 251 Abs. 1 Alt. 1 BGB Anwendung, während bei einem weitergehenden Schaden trotz der Rückgewähr der Aktien in Parallelität zu den obigen Ausführungen § 251 Abs. 1 Alt. 2 BGB einschlägig ist.

c. Die einzelnen Schadenspositionen

Der Ersatz des Vertrauensinteresses ist zunächst darauf gerichtet, die Hingabe der Aktien der Gesellschaft Zug um Zug gegen Erstattung der Gegenleistung (z.B. Geld, liquide Aktien) rückgängig zu machen.[331] Des weiteren sind dem Inhaber des Schadensersatzanspruchs die mit der Annahme des Angebots verbundenen Kosten, soweit solche entstanden sein sollten, zu ersetzen.[332] Gleiches gilt für die zur Durchsetzung des Anspruchs angefallenen Aufwendungen.[333]

Hat der ehemalige Aktionär der Gesellschaft ein Interesse daran, die Gegenleistung zu behalten, ist ihm das möglich.[334] Nach nicht unbestrittener Rechtsprechung des BGH – betreffend die allgemeine zivilrechtliche Prospekthaftung –[335] soll der Anspruchsinhaber jedoch gleichzeitig berechtigt sein, als Schaden denjenigen Betrag zu verlangen, „den er bei dem im Vertrauen auf die Richtigkeit der Information getätigten Erwerb der konkreten Anlage zuviel aufgewendet hat."[336] Diese Rechtsfolge läuft letztlich auf eine (richterliche) Vertragsanpassung hinaus.[337] Diese ist – sofern

[330] KK-Möllers, § 12 Rn. 137.
[331] Anders Steinmeyer/Häger (§ 12 Rn. 31), die Rückabwicklung Zug um Zug nur ausnahmsweise bejahen, da andernfalls die Aktionäre der Zielgesellschaft an der Wertentwicklung von deren Wertpapieren teilnehmen. Das sei regelmäßig nicht gerechtfertigt.
[332] Assmann, AG 2002, 153, 159.
[333] Assmann, AG 2002, 153, 159.
[334] BGH NJW 1980, 2408, 2409 f.; 1987, 2511, 2512; WM 1988, 1685, 1688.
[335] Vgl. vorherige Fußnote sowie BGHZ 69, 53, 57 f.; BGH WM 1987, 1466, 1467.
[336] Assmann, FS Lange, S. 345, 357 f.
[337] Horn, JuS 1995, 377, 383.

nicht ausnahmsweise die Voraussetzungen des Wegfalls der Geschäftsgrundlage vorliegen – nicht nur für den Bereich der allgemeinen Prospekthaftung, sondern erst recht im Anwendungsbereich des § 12 abzulehnen.

Schließlich kann der Berechtigte noch Ersatz des Schadens verlangen, den er dadurch erlitten hat, dass er wegen der Annahme des Angebots des Bieters auf die Annahme eines konkurrierenden Angebots verzichtet oder die Wertpapiere nicht im Rahmen eines gewöhnlichen Verkehrsgeschäfts veräußert hat.

2. Anspruchsinhaber

Berechtigter des Anspruchs aus § 12 Abs. 1 ist derjenige, der das Angebot angenommen hat.[338] Nur er kann den Schadensersatzanspruch geltend machen.[339] Damit scheiden andere Personen als Anspruchsinhaber aus.[340] So ist etwa derjenige, der dem (ehemaligen) Aktionär der Zielgesellschaft die vom Bieter als Gegenleistung gebotenen liquiden stimmberechtigten Aktien abkauft, nicht anspruchsberechtigt.[341]

Gleiches gilt auch für denjenigen, dem der Anspruch auf die Gegenleistung vom (ehemaligen) Aktionär der Zielgesellschaft abgetreten worden ist. Zur Geltendmachung des Schadensersatzanspruchs gem. § 12 Abs. 1 ist in diesem Fall allein der Zedent berechtigt, da der aus dem selben Schuldverhältnis wie der abgetretene Anspruch resultierende Schadensersatzanspruch kein Nebenrecht i.S.v. § 401 BGB ist.[342]

Demgegenüber ist der Gesamtrechtsnachfolger des anspruchsberechtigten Erblassers selbst zur Geltendmachung des Anspruchs berechtigt. Ob dies auch für den Vermächtnisnehmer, dem die vom Bieter gebotene Gegenleistung vermacht worden ist, gilt, erscheint sehr fraglich und dürfte im Ergebnis zu verneinen sein.

Bei Verpfändung der Aktien mitsamt der „Annahmeposition"[343] ist die Annahme des Angebots durch den Inhaber des Pfandrechts erklärt worden. Deshalb ist auch nur diese Person Inhaber des Schadensersatzanspruchs. Wurden indes lediglich die Wertpapiere ohne die Annahmeposition ge- bzw. verpfändet, ist der Eigentümer der Wertpapiere Inhaber des Schadensersatzanspruchs.

---

[338] Davon zu unterscheiden ist die oben (IV 3 a) erörterte Frage, wem die sog. Annahmeposition zusteht.
[339] KK-Möllers, § 12 Rn. 81 f.; Steinmeyer/Häger, § 12 Rn. 26; Ihrig, ZHR 167 (2003), 315, 335.
[340] Bezüglich der Frage, wer anspruchsberechtigt ist, wenn der Aktionär der Zielgesellschaft das Angebot angenommen hat und dessen Aktien nunmehr unter einer neuen Wertpapierkennnummer an der Börse gehandelt werden, wo sie ein anderer erwirbt, vgl. Assmann, ZGR 2002, 697, 719 ff.
[341] I.E. ebs. Assmann (AG 2002, 153, 157), der jedoch zur Begründung auf die Auslegung einer häufig in Angebotsunterlagen zu findenden Klausel rekurriert.
[342] RGZ 72, 138, 141; Staudinger-Busche, BGB, § 401 Rn. 9; Palandt-Heinrichs, BGB, § 401 Rn. 6.
[343] Dazu oben IV 3 a aa (1) (b).

3. Anspruchsgegner

Zum Schadensersatz sind gem. § 12 Abs. 1 diejenigen, die für die Angebotsunterlage die Verantwortung übernommen haben (Nr. 1), und diejenigen, von denen der Erlass der Angebotsunterlage ausgeht (Nr. 2), als Gesamtschuldner verpflichtet.

Auch hier ist eindeutig erkennbar, dass § 44 Abs. 1 Satz 1 BörsG für § 12 Abs. 1 eine Vorbildfunktion innehatte. Ebenso wie die börsengesetzliche Vorschrift sieht § 12 Abs. 1 sowohl den Erlassenden als auch den Veranlassenden des fehlerhaften Schriftstücks als schadensersatzpflichtig an. § 12 Abs. 1 behält somit die aus dem Börsengesetz bekannte Differenzierung im Kreis der Haftenden bei.

a. Die schadensersatzpflichtigen Personen im Sinn des § 44 Abs. 1 Satz 1 BörsG

Schadensersatzpflichtig im Sinn des § 44 Abs. 1 Satz 1 BörsG sind zum einen diejenigen, die für den Börsenprospekt die Verantwortung übernommen haben (Nr. 1: sog. „Prospekterlassende"), zum anderen diejenigen, von denen der Erlass des Börsenprospekts ausgeht (Nr. 2: sog. „Prospektveranlassende").

aa. „Prospekterlassende"

Die Bezeichnung „Prospekterlassende" geht auf die vor dem Inkrafttreten des 3. Finanzmarktförderungsgesetzes geltende Gesetzesfassung des § 44 Abs. 1 Satz 1 BörsG zurück, wo es hieß, dass auch diejenigen, „welche den Prospekt erlassen haben", auf Schadensersatz in Anspruch genommen werden konnten. Mit der Neufassung des § 44 Abs. 1 Satz 1 Nr. 1 BörsG sind keine inhaltlichen Änderungen verbunden, da unter den „Prospekterlassenden" auch bis zur Gesetzesnovellierung diejenigen verstanden wurden, die nach außen erkennbar die Verantwortlichkeit für den Prospekt übernommen haben.[344]

(1) Unterzeichner des Börsenzulassungsantrags

Zu den Prospektverantwortlichen i.S.v. § 44 Abs. 1 Satz 1 Nr. 1 BörsG zählen zum einen die Unterzeichner die Börsenzulassungsprospekts. Das sind gem. § 36 Abs. 2 Satz 1 BörsG i.V.m. § 13 Abs. 1 Satz 5 BörsZulVO der Emittent und das emissionsbegleitende Kredit- bzw. Finanzdienstleistungsinstitut.

(a) Alleinunterzeichnung des Prospekts durch den Emittenten

Unter den Voraussetzungen des § 36 Abs. 2 Satz 3 BörsG kann auch der Emittent allein den Zulassungsantrag stellen und damit auch nur er selbst für den Prospekt verantwortlich sein. Dann muss der Emittent der Wertpapiere ein Kredit- oder Finanzdienstleistungsinstitut bzw. ein nach § 53 Abs. 1 Satz 1 oder § 53 b Abs. 1 Satz 1 KWG tätiges Unternehmen sein.

---

[344] Ebenso Groß, AG 1999, 199, 200; Kort, AG 1999, 9, 10 jeweils m.w.N.

(b) Unterbliebene Unterzeichnung des Prospekts durch den Emissionsbegleiter

Hat der Emissionsbegleiter den Prospekt (Unternehmensbericht für den Gang an den „Geregelten Markt") nicht unterzeichnet, was z.T. nach den Börsenordnungen der einzelnen Börsen möglich war und ist, kommt eine auf § 44 Abs. 1 Satz 1 Nr. 1 BörsG gestützte Haftung nicht in Betracht. Dafür greift jedoch § 44 Abs. 1 Satz 1 Nr. 2 BörsG ein.[345]

(c) Mehrheit von emissionsbegleitenden Instituten (Konsortium)

Auch wenn der Wortlaut des § 36 Abs. 2 Satz 1 BörsG dies nahe legt („mit *einem* Kreditinstitut, Finanzdienstleistungsinstitut oder *einem* nach § 53 Abs. 1 Satz 1 oder § 53 b Abs. 1 Satz 1 KWG tätigen Unternehmen"), stellt der Emittent den Zulassungsantrag praktisch nicht nur mit einem Emissionsbegleiter.[346] Regelmäßig bedient sich der Emittent eines Emissionskonsortiums. Wenn nicht alle Mitglieder des Konsortiums die Voraussetzungen des § 36 Abs. 2 BörsG erfüllen, wird der Zulassungsantrag nur von einzelnen Kredit- bzw. Finanzdienstleistungsinstituten unterzeichnet.[347] Nur diese haften gem. § 36 Abs. 2 Satz 1 BörsG i.V.m. § 44 Abs. 1 Satz 1 Nr. 1 BörsG.

(d) „Underwriter"

Nicht zu den zum Schadensersatz verpflichteten Personen zählen die Institute, mit denen das Konsortium ein sog. „underwriting agreement" abgeschlossen hat.[348] Allerdings muss sich in diesem Fall die Funktion dieser Banken im Rahmen der Platzierung der Wertpapiere eindeutig aus dem Prospekt ergeben, soweit die „Underwriter" dort überhaupt Erwähnung finden.

(2) Personen, die die Verantwortlichkeit für den Prospekt übernehmen

Neben den Unterzeichnern des Börsenzulassungsprospekts gehören auch noch diejenigen natürlichen oder juristischen Personen, die die Verantwortung für den Prospekt gem. § 14 Halbsatz 1 BörsZulVO übernehmen, zu den sog. „Prospekterlassenden".

Der Prospekt muss dann die Erklärung dieser Personen enthalten, dass ihres Wissens die Angaben richtig und keine wesentlichen Umstände ausgelassen sind (§ 14 Halbsatz 2 BörsZulVO).

---

[345] A.A. LG Bremen, ZIP 1996, 1866, 1867; OLG Bremen, AG 1997, 420, 421 jeweils im Fall „Elsflether-Werft"; im Ergebnis richtig demgegenüber die Revisionsentscheidung in dieser Sache (BGH, ZIP 1998, 1528, 1529f.), die jedoch offen lässt, ob Nr. 1 oder Nr. 2 von § 45 Abs. 1 Satz 1 BörsG eingreift.
[346] Groß, AG 1999, 199, 200f.; ders., Kapitalmarktrecht, §§ 45, 46 BörsG Rn. 18.
[347] Groß, AG 1999, 199, 200f.; ders., Kapitalmarktrecht, §§ 45, 46 BörsG Rn. 18.
[348] So bereits Schwark, BörsG, §§ 45, 46 Rn. 6; weiterhin Assmann/Schütze, Kapitalanlagerecht, § 7 Rn. 202; Sittmann, NZG 1998, 490, 493; Hauptmann, in: Vortmann, Prospekthaftung und Anlageberatung, § 3 Rn. 51.

Auch wenn es in der amtlichen Begründung[349] zu § 14 BörsZulVO heißt, dass sich aus dieser Norm haftungsrechtliche Folgen nicht direkt, sondern nur nach Maßgabe der für die Prospekthaftung geltenden Umstände ergeben könnten, entspricht es doch allgemeiner Meinung, dass die Vorschrift nicht anders als eine Haftungsübernahme für den Prospekt verstanden werden kann.[350]

Zu denjenigen, die gem. § 14 BörsZulVO die Verantwortung für den Prospekt übernehmen, zählen häufig die Mitglieder des Emissionskonsortiums, die den Zulassungsantrag nicht unterzeichnen wollten oder konnten. Ein Grund, der ein Mitglied des Konsortiums dazu veranlassen kann, die Verantwortung für den Prospekt zu übernehmen, liegt z.B. in dem mit einer erfolgreichen Emission verbundenen Imagegewinn.

Alle Personen, die die Übernahme der Verantwortung ausdrücklich im Prospekt erklären, sind Schuldner des Schadensersatzanspruchs gem. § 44 Abs. 1 Satz 1 BörsG i.V.m. § 14 BörsZulVO. Ihre Haftung ist im übrigen entgegen der Ansicht von Sittmann[351] unabhängig davon, ob sie in die Erstellung des Prospekts einbezogen worden sind.[352]

bb. „Prospektveranlassende"

Als sog. Prospektveranlassende haften diejenigen, von denen der Erlass des Prospekts ausgeht.

Zu dieser Personengruppe hat bereits Nußbaum in der ersten Auflage seines Kommentars zum Börsengesetz von 1909[353] ausgeführt:

> „Der die Haftbarkeit begründende Zusammenhang kann hier nicht durch ein formelles Kriterium (wie z.B. die Unterschrift) bestimmt werden, er ist vielmehr lediglich ein tatsächlicher. Freilich kann die tatsächliche Urheberschaft nicht hinreichen, um die Haftbarkeit hervorzurufen; Personen, die den Prospekt lediglich ausgearbeitet oder zu ihm Material geliefert haben, können unmöglich der Prospekthaftung unterworfen werden. Die nähere Bestimmung des für die Haftbarkeit erforderlichen tatsächlichen Zusammenhangs folgt aus der gebotenen Berücksichtigung der kaufmännischen Anschauungen: Wer aufgrund eines eigenen geschäftlichen Interesses an der Emission tatsächlich Veranlassung gibt, dass der Prospekt in der Fassung veröf-

---

349 BR-Drucks. 72/87, S. 76.

350 Schwark, NJW 1987, 2041, 2044; Schäfer, ZIP 1987, 953, 958; Assmann/Schütze, Kapitalanlagerecht, § 7 Rn. 203; Kunz, Börsenprospekthaftung, S. 121f.; Hauptmann, in: Vortmann, Prospekthaftung und Anlageberatung, § 3 Rn. 52.

351 NZG 1998, 490, 493; ebenfalls auf die Einbeziehung in die Prospekterstellung abstellend Hauptmann (in: Vortmann, Prospekthaftung und Anlageberatung, § 3 Rn. 51), der damit die Nichthaftung der sog. „Underwriter" begründet.

352 So auch Groß, AG 1999, 199, 201.; ders., Kapitalmarktrecht, §§ 45, 46 BörsG Rn. 19.

353 § 46 Anm. II, S. 192f.

fentlicht wird, die sich später als unrichtig oder unvollständig erweist, muss demjenigen gleichgestellt werden, der durch seine Unterschrift formell die Verantwortlichkeit übernimmt."

Diese Ausführungen Nußbaums haben auch heute kaum etwas von ihrer Richtigkeit eingebüßt. Noch immer wird von der ganz herrschenden Meinung[354] der Begriff der sog. Prospektveranlassenden i.S.d. § 44 Abs. 1 Satz 1 Nr. 1 BörsG mit den tatsächlichen Urhebern des Prospekts gleichgesetzt. Unter den tatsächlichen Urhebern des Prospekts werden regelmäßig Personen oder Unternehmen mit einem eigenen wirtschaftlichen Interesse an der Emission verstanden. Dazu zählen z.B. (1) der seine Beteiligung veräußernde Großaktionär,[355] (2) die die Emission veranlassende Konzernmuttergesellschaft[356] oder aber (3) Beirats- bzw. Aufsichtsratsmitglieder, die auf die Erstellung des Prospekts maßgeblichen Einfluss hatten.[357] Der oftmals weiterhin erwähnte[358] und auf Hopt[359] zurückgehende Beispielsfall, dass ein großes Bankhaus, eine kleinere Bank vorschiebt, um selbst keinem Haftungsrisiko ausgesetzt zu sein, dürfte demgegenüber nur theoretischer Natur sein.[360]

Mangels eigenen wirtschaftlichen Interesses gehören demgegenüber die Lieferanten unrichtigen Materials für die Erstellung des Prospekts (z.B. Wirtschaftsprüfer[361], Abschlussprüfer und Rechtsanwälte) nicht zu den Urhebern des Prospekts.[362] Ob der Ausschluss der Prospekthaftung für diesen Personenkreis auch mit dem Hinweis darauf, dass die genannten Berufsgruppen den Prospekt regelmäßig nur in den für ihr Sachgebiet relevanten Bereichen beeinflussen, begründet werden kann, ist umstritten.[363] Einigkeit besteht demgegenüber darüber, dass eine Einstandspflicht aus anderen Haftungstatbeständen als aus § 44 BörsG (zivilrechtliche Prospekthaftung oder Berufshaftung) nicht ausgeschlossen ist.[364]

---

[354] Hauptmann, in: Vortmann, Prospekthaftung und Anlageberatung, § 3 Rn. 53

[355] Hauptmann, in: Vortmann, Prospekthaftung und Anlageberatung, § 3 Rn. 53 unter Hinweis auf die Begründung des Regierungsentwurfs, BT-Drucks. 13/8933, S. 54, 76; Groß, AG 1999, 199, 201.

[356] Begründung des Regierungsentwurfs, BT-Drucks. 13/8933, S. 54, 78; Schwark, BörsG, §§ 45, 46 Rn. 7; Hauptmann, in: Vortmann, Prospekthaftung und Anlageberatung, § 3 Rn. 53; Groß , AG 1999, 199, 201.

[357] Gehrlein, BB 1995, 1965, 1966; Hauptmann, in: Vortmann, Prospekthaftung und Anlageberatung, § 3 Rn. 53; Groß , AG 1999, 199, 201.

[358] Schwark, BörsG, §§ 45, 46 Rn. 7; Brondics/Mark, AG 1989, 339, 342; Kort, AG 1999, 9, 10; Hamann, in: Schäfer, §§ 45, 46 BörsG n.F. Rn. 42.

[359] Verantwortlichkeit der Banken, S. 69f.

[360] Ebenso Groß, AG 1999, 199, 201 Fn. 28; Hauptmann, in: Vortmann, Prospekthaftung und Anlageberatung, § 3 Rn. 53.

[361] Zur Haftung der Wirtschaftsprüfer ausführlich Otto/Mittag, WM 1996, 325 ff.

[362] Hamann, in: Schäfer, §§ 45, 46 BörsG a.F. Rn. 54; Assmann/Schütze, Kapitalanlagerecht, § 7 Rn. 205; anders für die Abschlußprüfer dagegen Groß, Kapitalmarktrecht, §§ 45, 46 BörsG Rn. 21.

[363] Dafür: Lehmann, WM 1985, 181, 183; Assmann/Schütze, Kapitalanlagerecht, § 7 Rn. 205 Hauptmann, in: Vortmann, Prospekthaftung und Anlageberatung, § 3 Rn. 54, 55; dagegen: Groß, Kapitalmarktrecht, §§ 45, 46 BörsG Rn. 20f.; Hamann, in: Schäfer, §§ 45, 46 BörsG a.F. Rn. 54.

[364] Groß, Kapitalmarktrecht, §§ 45, 46 BörsG Rn. 20; siehe auch Bosch, ZHR 163 (1999), 274 ff.; Canaris, ZHR 163 (1999), 206 ff.; Schneider, ZHR 163 (1999), 246 ff.

b. Die schadensersatzpflichtigen Personen im Sinn des § 12 Abs. 1

§ 12 Abs. 1 regelt, daß von denjenigen, die für die Angebotsunterlage die Verantwortung übernommen haben (Nr. 1), und von denjenigen, von denen der Erlaß der Angebotsunterlage ausgeht (Nr. 2), Schadensersatz verlangt werden kann. Auch § 12 Abs. 1 differenziert demnach zwischen den die Angebotsunterlage erlassenden und den die Angebotsunterlage veranlassenden Personen. Auf die damit gezogene Parallele zu § 44 Abs. 1 Satz 1 BörsG und zu § 13 Abs. 1 Satz 1 VerkProspG wird in der amtlichen Begründung zu § 12 ausdrücklich hingewiesen. Angesichts dessen stellt sich die Frage, ob die soeben zu der börsengesetzlichen Haftungsvorschrift dargelegten Grundsätze über den schadensersatzpflichtigen Personenkreis auf § 12 Abs. 1 übertragen werden können.

aa. Die die Verantwortung für die Angebotsunterlage übernehmenden Personen (Nr. 1)

(1) Bieter

Die Verantwortung für eine Angebotsunterlage übernimmt zuvorderst deren Unterzeichner. Demgemäss heißt es auch in der Begründung zu § 12 Abs. 1 Nr. 1, dass der Bieter als Unterzeichner für die Angebotsunterlage verantwortlich ist.[365] Weitere Personen unterzeichnen die Angebotsunterlage regelmäßig nicht.

(2) Übernahme der Verantwortung aufgrund Erklärung in der Angebotsunterlage

Neben dem Bieter können weitere Personen die Verantwortung für die Angebotsunterlage übernehmen. Deren evtl. Haftung geht dann auf die in der Angebotsunterlage abgegebene Erklärung zurück. In diesem Fall muss die Angebotsunterlage gem. § 11 Abs. 3 Angaben über die Personen enthalten, die für die Unterlage Verantwortung übernehmen. § 11 Abs. 3 entspricht inhaltlich § 14 BörsZulVO und § 3 VerkProspVO.[366] Indes kommt es bei § 11 Abs. 3 aufgrund der insoweit eindeutigen gesetzlichen Regelung nicht auf die Frage, ob die Vorschrift als Erklärung der Haftungsübernahme verstanden werden kann, an.

Fraglich ist indessen, welche Personen neben dem Bieter überhaupt die Erklärung, dass ihres Wissens die Angaben richtig und keine wesentlichen Umstände ausgelassen sind, abgeben werden. Anders als bei den börsenrechtlichen Normen kommen insoweit Erklärungen von Kredit- bzw. Finanzdienstleistungsinstituten kaum in Betracht, da diese in den Prozess der Abgabe eines öffentlichen Angebots nicht in dem Maße wie bei der Emission von Wertpapieren eingebunden sind. Das zeigt sich bereits an der nicht vorgeschriebenen Pflicht, dass Angebot auch von einem der genannten Institute unterzeichnen zu lassen. Auch wenn in der Angebotsunterlage zum Teil das Stichwort „begleitendes Kreditinstitut" existiert, führt das regelmäßig nicht dazu, dass dieses Kreditinstitut eine Erklärung der Haftungsübernahme abgibt und damit für die Angebotsunterlage die Verantwortung übernimmt.

[365] Amtliche Begründung, S. 61, 106.
[366] Amtliche Begründung, S. 61, 103.

Da auch andere natürliche oder juristische Personen, die die Verantwortung für die Angebotsunterlage übernehmen könnten, nicht ersichtlich sind, dürfte § 12 Abs. 1 Nr. 1 – soweit nicht der Bieter selbst erfasst wird – in der Praxis nur geringe Bedeutung zu kommen. Allenfalls Personen, die bereits über § 12 Abs. 1 Nr. 2 zum Kreis der Haftenden zählen, könnten durch Erklärung der Übernahme der Verantwortung für Rechtsklarheit sorgen.

Die Unklarheiten, die § 12 Abs. 1 Nr. 1 aufwirft, werden auch durch das erste nach den Vorschriften des WpÜG abgewickelte öffentliche Übernahmeangebot der DePfa Holding plc. (Bieterin) an die Aktionäre der DePfa Deutsche Pfandbriefbank AG (Zielgesellschaft) eindrucksvoll bestätigt. Dort findet sich auf Seite 30 der veröffentlichten Angebotsunterlage unter dem Gliederungspunkt „3. Erklärung über die Übernahme der Verantwortung" die Aussage, dass „die DePfa Holding plc. für den Inhalt der Angebotsunterlage die Verantwortung übernehme." Bieter und die kraft Verantwortungsübernahmeerklärung haftende Person sind identisch !

bb. Die die Angebotsunterlage veranlassenden Personen (Nr. 2)

Der Gesetzgeber versteht unter denjenigen, von denen der Erlass der Angebotsunterlage ausgeht, die tatsächlichen Urheber der Unterlage.[367] § 12 Abs. 1 Nr. 2 ist also wie § 44 Abs. 1 Satz 1 Nr. 1 BörsG eine Norm, die nicht in einem formellen Kriterium wie z.B. einer Unterschrift den Anknüpfungspunkt für die Einbeziehung in den Kreis der Haftenden sieht, sondern statt dessen in der tatsächlichen Urheberschaft für die Veröffentlichung der Angebotsunterlage den Grund für die Haftung sieht. Die Vorschrift möchte also die „Hintermänner" in den Kreis der schadensersatzpflichtigen Personen einbeziehen. Daraus ergibt sich zugleich, daß – ebenso wie im Fall des § 44 Abs. 1 Satz 1 Nr. 2 BörsG – nicht alle mit der Erstellung der Angebotsunterlage befassten Personen schadensersatzpflichtig sind. Maßgeblich ist auch hier, ob der zuvor genannte Personenkreis ein eigenes wirtschaftliches Interesse an der Übernahme der Zielgesellschaft hat. Nur wenn das der Fall ist, kommt eine Haftung gem. § 12 Abs. 1 Nr. 2 in Betracht.[368] Zu den Personen mit einem eigenen wirtschaftlichen Interesse an der Übernahme können z.B. mit dem Bieter gemeinsam handelnde Personen i.S.v. § 2 Abs. 6 zählen. Dabei ist insbesondere an die Konstellation zu denken, dass eine Konzernmuttergesellschaft das Angebot von einer – vielleicht eigens dafür gegründeten – Tochtergesellschaft abgeben lässt. Auch wenn ein derartiges Vorgehen auf den ersten Blick unwahrscheinlich erscheint, zeigt doch gerade die Übernahme der Telecom Italia durch Olivetti in Italien im Jahre 1999 die praktische Relevanz dieses Problems.[369] Seinerzeit fungierte als Bieter nicht Olivetti direkt, sondern eine von dieser kontrollierte Tecnost S.p.A. Diese sollte zur Finanzierung des Übernahmeangebots Darlehen bei Olivetti aufnehmen, die sich wiederum die erforderlichen finanziellen Mittel durch eine Kapitalerhöhung besorgte.

Zweifelhaft ist dagegen, ob auch Tochterunternehmen zu den Haftenden i.S.d. Nr. 2 zählen, wenn die Konzernmuttergesellschaft selbst als Bieter tätig wird, um Wertpa-

---

[367] Amtliche Begründung, S. 61, 106.
[368] Das „eigene wirtschaftliche Interesse" an der Übernahme sehen auch KK-Möllers (§ 12 Rn. 92) als maßgebliches Kriterium an. Ebs. Haarmann/Renner, § 12 Rn. 12.
[369] Hierzu Schmid, AG 1999, 402 ff.

piere der Zielgesellschaft zu erwerben. Im Regelfall wird ein eigenes wirtschaftliches Interesse der Tochtergesellschaft an dem Erwerb durch die Muttergesellschaft zu verneinen sein.

c. Haftung des Bieters als Verstoß gegen §§ 57, 71 AktG ?

aa. Börsengesetz vs. Aktiengesetz

Im Zusammenhang mit der Börsenprospekthaftung des Emittenten gem. § 44 Abs. 1 Satz 1 Nr. 1 BörsG wurde und wird noch immer die Frage erörtert, ob dessen Inanspruchnahme nicht gegen das aktienrechtliche Verbot der Einlagenrückgewähr (§ 57 AktG) und des Erwerbs eigener Aktien (§ 71 ff. AktG) verstößt.[370]

Das Reichsgericht[371] positionierte sich in zwei Entscheidungen wie folgt: Es unterschied danach, ob die Aktien im Wege der Zeichnung (Ersterwerb) oder durch ein gewöhnliches Verkehrsgeschäft erworben wurden. Im ersten Fall sollte die Börsenprospekthaftung ausscheiden, im zweiten Fall hingegen Platz greifen. Gegen diese Differenzierung spricht jedoch, dass kein Grund ersichtlich ist, weshalb eine durch Zeichnung der Aktie Gesellschafter des Emittenten gewordene Person weniger schutzwürdig sein soll als jemand, der die Aktie durch ein späteres Verkehrsgeschäft erworben hat. Die Interessenlage ist aus Sicht sowohl der betroffenen Gesellschafter als auch sonstiger Dritter (Mitgesellschafter, Gesellschaftsgläubiger usw.) identisch.

Während sich weder der Bundesgerichtshof noch die Oberlandesgerichte bislang mit der Frage des Verhältnisses von §§ 44, 45 BörsG zu §§ 57, 71 AktG auseinandersetzen mussten, sah sich das Landgericht Frankfurt/M. im Jahre 1997 gezwungen, sich des Problems anzunehmen. In seiner Entscheidung „MHM-Mode“[372] stützte es die Haftung des Emittenten darauf, dass die §§ 44, 45 BörsG als lex specialis und lex posterior Vorrang vor den aktienrechtlichen Vorschriften genießen würden. Dass diese Auffassung zumindest im Hinblick auf den zweiten Gesichtspunkt nicht unbedingt zwingend ist, haben Hommelhoff/van Aerssen[373] in ihrer Urteilsanmerkung zu der Entscheidung des Landgerichts Frankfurt/M. zutreffend dargelegt.

Die herrschende Ansicht im Schrifttum[374] beruft sich – zumeist jedoch ohne weitergehende Erörterung – denn auch auf die vom LG Frankfurt/M. als zweites Argument angeführte Spezialität der börsengesetzlichen Normen. Gleiches hat ebenfalls der Gesetzgeber des Dritten Finanzmarktförderungsgesetzes getan.

---

[370] Ebenso wird diskutiert, ob nicht die vom Emittenten zugunsten einer Bank im Zuge der Platzierung von Aktien – sei es nun deren Erst- oder aber auch deren Umplatzierung – für den Fall der Inanspruchnahme aus der Prospekthaftung erklärte Haftungsfreistellung gegen § 57 AktG verstößt. Auf diese weitestgehend vergleichbare Fragestellung soll im folgenden nicht eingegangen werden. Vgl. hierzu Heider, in: FS Sigle, S. 251 ff.

[371] RGZ 71, 97 ff.; 88, 271 ff.; dazu Breit, LZ 1913, 337 sowie Flechtheim, JW 1916, 937.

[372] ZIP 1998, 641 m. Anm. Huber. Die Entscheidung des Landgerichts wurde durch das Oberlandesgericht bestätigt (ZIP 1999, 1005).

[373] EWiR 1998, 579f.

[374] Huber, ZIP 1998, 645; Krämer/Baudisch, WM 1998, 1161 ff. m.w.N.; ausführlich Schwark, in: FS Raisch, S. 269 ff.; jüngst auch Keusch/Wankerl, BKR 2003, 744 ff.

Dagegen stützt sich Heider[375] in seiner letztlich ebenfalls den börsengesetzlichen Haftungsvorschriften den Vorrang einräumenden Stellungnahme u.a. auf rechtsvergleichende Gesichtspunkte. So legt er dar, dass der im deutschen Gesellschaftsrecht eisern verteidigte Grundsatz der realen Kapitalaufbringung und –erhaltung im angelsächsischen Rechtskreis kein Pendant kenne, weshalb es Anlegern aus diesem Raum nicht vermittelbar sei, dass sie mit ihren Prospekthaftungsansprüchen z.B. im Fall der Selbstemission einer Bank ausfallen sollen. Um den deutschen Aktienmarkt nicht ins Hintertreffen geraten zulassen, sei es dringend erforderlich, sich dem internationalen Standard anzupassen, der eine Durchsetzbarkeit von Prospekthaftungsansprüchen, also den Vorrang des Börsengesetzes vor dem Aktiengesetz verlange.

Hamann[376] schließlich setzt bei der Lösung des Kollisionsproblems bei § 57 AktG an, indem er die §§ 44, 45 BörsG als eine neben § 71 AktG zulässige Ausnahme vom Verbot der Einlagenrückgewähr versteht. Dem soll das einschränkende „nur" in § 71 Abs. 1 Satz 1 AktG nicht entgegenstehen, da es sich lediglich auf aktienrechtliche Ausnahmetatbestände beziehe. Um einen Gleichlauf des Erwerbs eigener Aktien nach § 71 AktG und der Rücknahme der Aktien nach Geltendmachung eines Prospekthaftungsanspruchs zu erreichen, will Hamann § 71 Abs. 2 AktG sowohl im Hinblick auf die 10 %-Grenze als auch auf die Kapitalgrenze auf §§ 44, 45 BörsG analog angewendet wissen.

Vereinzelt werden in der Literatur auch Lösungsansätze vertreten, die nicht die generelle Frage des Verhältnisses der beiden Rechtsmaterien in den Vordergrund stellen, sondern sich des Problems annehmen, ob und – bejahendenfalls – wie die Geltendmachung von Prospekthaftungsansprüchen zu begrenzen ist. So wollen Zöllner/Winter[377] unter Hinweis auf die grundlegenden Ausführungen von Martens[378] einen Schadensersatzanspruch des „zeitweiligen" Aktionärs dergestalt einschränken, dass sie einen Anspruch dann verneinen, wenn er nicht aus dem das Grundkapital übersteigenden Nettovermögen befriedigt werden kann. Hilfsweise schlagen sie vor, jedenfalls eine Erfüllung der Schadensersatzansprüche der Aktionäre nicht zuzulassen, soweit dieses nicht durch das nicht den aktienrechtlichen Kapitalbindungsvorschriften unterliegende, freie Gesellschaftsvermögen möglich ist. Letzterer Position hat sich jüngst auch Bayer angeschlossen, der ausführt, dass einerseits Sinn und Zweck der Prospekthaftung an sich zweifelsohne einen uneingeschränkten Zugriff auf das gesamte Vermögen (also nicht beschränkt auf das sog. freie Vermögen) verlangen würden, andererseits ein vorrangiger Schutz sonstiger Gläubiger (z.B. Lieferanten, Handwerker und Banken) im Verhältnis zu den Aktionären anzuerkennen sei, da Letztere immerhin bewusst mit dem Ziel einer höheren Renditeerwartung ein größeres Risiko eingegangen seien.[379]

bb. Wertpapiererwerbs- und Übernahmegesetz vs. Aktiengesetz

Während das an dieser Stelle aufgeworfene Problem der Kollision von Schadensersatzansprüchen mit dem Aktienrecht im Bereich der Börsenprospekthaftung regel-

[375] In: FS Sigle, S. 251, 259 f.
[376] In: Schäfer, WpHG/BörsG/VerkProspG, §§ 45, 46 a.F. Rn. 48.
[377] ZHR 158 (1994), 59, 77f.
[378] ZGR 1972, 272, 283 ff.
[379] MünchKomm zum AktG-Bayer, § 57 Rn. 22 ff., insb. 24.

mäßig bei jedem Haftungsfall zur Entstehung gelangt, tritt es bei der Geltendmachung eines Ersatzanspruches gem. § 12 nur dann zu Tage, wenn der Bieter als Gegenleistung für die gesuchten Wertpapiere eigene Aktien angeboten hat.[380] Nur dann ist er im Zuge der Rückabwicklung der geschlossenen Verträge verpflichtet, seine eigenen Aktien zurückzunehmen.[381]

Im Hinblick auf die Frage, wie in dieser Konstellation das Verhältnis von § 12 zu § 57 AktG zu lösen ist, kann weitestgehend auf die oben aufgezeigten Argumentationslinien Bezug genommen werden, die allesamt den Vorrang des WpÜG nahe legen:

Das Wertpapiererwerbs- und Übernahmegesetz ist gegenüber dem Aktiengesetz sowohl lex specialis als auch lex posterior. Letzteres ist hier unzweifelhaft, da die insoweit relevanten Vorschriften des Aktiengesetzes (§§ 57, 71) im Zuge der Schaffung des WpÜG keinerlei Änderung erfuhren.

Der von Heider[382] vorgebrachte Gesichtspunkt des internationalen Standards der Durchsetzbarkeit von Haftungsansprüchen auch gegenüber dem Emittenten überzeugt übertragen auf Ersatzansprüche wegen fehlerhafter Angebotsunterlagen noch mehr, da regelmäßig ein neben dem Bieter haftendes Kreditinstitut fehlt. Weil auch anderweitige finanzstarke haftungspflichtige Personen selten sein dürften, würde – wollte man einen Vorrang der §§ 57, 71 AktG annehmen – der Anspruch gem. § 12 meistens leer laufen. Das stünde im Widerspruch zu dem vom Gesetzgeber mit der Schaffung von § 12 verfolgten Ziel. Aus diesem Grunde gebieten also sowohl Sinn und Zweck als auch die Entstehungsgeschichte der Norm deren Vorrang vor den aktienrechtlichen Vorschriften der Kapitalerhaltung.

Darüber hinaus überzeugt auch das von Hamann[383] vorgebrachte Verständnis von § 71 Abs. 1 Satz 1 AktG als „nur“ weitere aktienrechtliche Ausnahmetatbestände ausschließende Norm. Gerade die Tatsache, dass §§ 44, 45 BörsG nicht den einzigen Anwendungsfall für die Erweiterung der Ausnahmetatbestände darstellen, zeigt die Richtigkeit der These von Hamann, zumal mit § 29 UmwG (Barabfindung gegen Erwerb eigener Anteile bei einer Verschmelzung) eine weitere Konstellation die Gruppe der Ausnahmen von § 57 AktG erweitert.

Schließlich ist auch noch auf ein jüngst von Möllers[384] vorgebrachtes und am Sinn und Zweck des § 12 orientiertes Argument hinzuweisen: § 57 AktG gestattet nach allgemeiner Ansicht marktübliche Rechtsgeschäfte zwischen der AG und dem Aktionär. Da hierzu auch die Abwicklung von Schadensersatzansprüchen zähle, sei die Vollziehung des Haftungsanspruchs gem. § 12 zulässig. Aus meiner Sicht ist diese Schlussfolgerung nicht unbedingt zwingend, setzt sie doch gerade voraus, dass der Vollzug der Haftungsregelung ein „normales“ Drittgeschäft ist. Dem kann jedoch mit guten Gründen unter Hinweis auf das „Gesellschaftsverhältnis“ entgegengetreten werden.

---

[380] KK-Möllers, § 12 Rn. 94.

[381] Zur generellen Frage des Verhältnisses des Übernahmerechts zum Rückerwerb eigener Aktien vgl. ausführlich Berrar/Schnorbus, ZGR 2003, 59 ff. m.w.N.

[382] In: FS Sigle, S. 251, 259 f.

[383] In: Schäfer, WpHG/BörsG/VerkProspG, §§ 45, 46 a.F. Rn. 48.

[384] In: KK, § 12 Rn. 97.

Auf keinen Fall vermag dagegen meines Erachtens die teilweise befürwortete Begrenzung der Schadensersatzansprüche analog § 71 Abs. 2 AktG[385] oder entsprechend den Ausführungen von Zöllner/Winter[386] nicht zu überzeugen. Gerade im Fall eines öffentlichen Angebots, bei dem die Gegenleistung in eigenen Aktien besteht, deren Summe – was nicht selten sein dürfte – die Grenze von 10 % des Grundkapitals übersteigt, zeigt sich der Nachteil dieser Auffassung, da in dieser Situation eine vollständige Befriedigung sämtlicher Schadensersatzansprüche ausgeschlossen ist.[387] Das gleiche gilt im Ergebnis, wenn man der einschränkenden Auffassung von Zöllner/Winter[388] folgt. Gegen deren Ansicht spricht zudem, dass § 57 AktG nicht nur das aus Einlagen bestehende Grundkapital der Aktiengesellschaft, sondern das gesamte Gesellschaftsvermögen schützt, sofern nicht die Verteilung des Bilanzgewinns in Rede steht. Angesichts dessen kann auch der Ansicht von Bayer[389] nicht gefolgt werden. Wenn sonstige Gläubiger gegenüber den Aktionären bevorzugt sein sollen, ist nicht einsichtig, weshalb das Grundkapital und die gesamten Rücklagen insoweit eine Grenze für die Haftungsansprüche der Aktionäre sein sollen.

d. Haftung als Gesamtschuldner

Ebenso wie im Rahmen des § 44 Abs. 1 S. 1 BörsG haften gem. § 12 Abs. 1 die nach Nr. 1 und Nr. 2 verantwortlichen Personen als Gesamtschuldner.

aa. Außenverhältnis

Für jeden einzelnen Gesamtschuldner müssen die Voraussetzungen des Haftungstatbestandes erfüllt sein, da nur soweit das der Fall ist, überhaupt eine Gesamtschuld entsteht. Daraus folgt z.B., dass das Verschulden des Bieters nicht den die Angebotsunterlage veranlassenden Personen zugerechnet werden kann.[390] Insoweit gilt § 425 BGB.[391]

Von der gesetzlich angeordneten Gesamtschuld kann im Außenverhältnis nicht im vorhinein abgewichen werden. Eine Vereinbarung zwischen den Schadensersatzberechtigten und den Schadensersatzpflichtigen, durch die auf die Geltendmachung des Anspruchs gegenüber einem Gesamtschuldner verzichtet wird, ist unwirksam (§ 12 Abs. 5).[392]

Im übrigen berühren gegebenenfalls bestehende abweichende Vereinbarungen über die Haftungsverteilung im Innenverhältnis der Gesamtschuldner die Haftung gegenüber Dritten nicht.[393]

---

385 In: Schäfer, WpHG/BörsG/VerkProspG, §§ 45, 46 a.F. Rn. 48.
386 ZHR 158 (1994), 59, 77f.
387 Im Ergebnis ähnlich: KK-Möllers, § 12 Rn. 98, der für den Fall einer (drohenden) Insolvenz des Bieters auf das Entfallen des Schadensersatzanspruchs hinweist.
388 ZHR 158 (1994), 59, 77f.
389 MünchKomm zum AktG, 3 57 Rn. 22.
390 Aufgrund der Umkehr der Beweislast für das Vorliegen des Verschuldens in § 13 Abs. 2 und § 45 Abs. 1 BörsG dürfte diesem Problem anders noch als unter Geltung der §§ 45, 46 BörsG a.F. kaum Bedeutung zukommen.
391 So für §§ 44, 45 BörsG: Assmann, Prospekthaftung, S. 391.
392 Zu § 12 Abs. 5 vgl. IV 9, S. 89.
393 Assmann/Schütze, Ergänzungsband zum Kapitalanlagerecht, Stand: März 1999, § 7 Rn. 33.

bb. Innenverhältnis

Nach § 426 Abs. 1 S. 1 BGB sind die Gesamtschuldner im Verhältnis zueinander zu gleichen Anteilen verpflichtet, soweit nicht ein anderes bestimmt ist.

Häufig werden ausdrückliche Vereinbarungen zwischen den schadensersatzpflichtigen Personen über die Haftungsverteilung im Innenverhältnis existieren. Insoweit kommen z.B. Haftungsfreistellungen bestimmter Personen oder Gewährleistungsansprüche in Betracht.[394] Hier kann sich dann die Frage der Wirksamkeit derartiger Vereinbarungen im Hinblick auf § 57 AktG stellen.[395]

Eine andere gesetzliche Bestimmung i.S.d. § 426 Abs. 1 Satz 1 enthält auch § 254 BGB, der die Gleichverteilungsregel des § 426 Abs. 1 Satz 1 BGB regelmäßig verdrängt, wenn sich die Gesamtschuld – wie im Fall des § 12 Abs. 1 – auf Schadensersatz richtet.[396] Diese Vorschrift ist im Innenverhältnis zwischen mehreren schadensersatzpflichtigen Personen immer zu berücksichtigen.[397]
Im Rahmen des § 254 BGB richtet sich die Haftungsverteilung entscheidend nach dem Maß der individuellen Verursachung.

Generell kann sich daneben auch aus der Natur des unter den zum Schadensersatz verpflichteten Personen bestehenden Rechtsverhältnisses eine Abweichung von der Haftung zu gleichen Teilen ergeben. Ob jedoch der von Nussbaum[398] gebildete Fall einer Gesamtschuldnerschaft zwischen Aktiengesellschaft und Vorstandsmitglied zu einer alleinigen Ersatzpflicht des Vorstandsmitglieds aufgrund des Dienstvertrages führen muss, erscheint doch sehr zweifelhaft.

---

[394] Hoffmann-Becking, FS Lieberknecht, S. 25, 36; Konzernfinanzierung-Hirte, § 35 Rn. 35.30, S. 1129.
[395] Dazu ausführlich Heider, in: FS Sigle, S. 251, 261 ff.
[396] Staudinger-Medicus, BGB, § 254 Rn. 20.
[397] Ständige Rechtsprechung (RGZ 75, 251, 256; BGHZ 17, 214, 222; 43, 227, 231 = NJW 1965, 1175; 51, 275, 279 = NJW 1969, 653; 59, 97, 103 = NJW 1972, 1802) und allgemeine Ansicht im zivilrechtlichen Schrifttum (Palandt-Heinrichs, BGB, § 426, Rn. 10; RGRK-Alff, BGB, § 254 Rn. 9; Staudinger-Schiemann, BGB, § 254 Rn. 21). Für das Börsenrecht auch Schwark, BörsG, §§ 45, 46 Rn. 41.
[398] BörsG, § 46 Anm. VI.

VI. Verjährung

Nach § 12 Abs. 4 verjähren Schadensersatzansprüche wegen einer fehlerhaften Angebotsunterlage in einem Jahr seit dem Zeitpunkt, zu dem derjenige, der das Angebot angenommen hat, von der Unrichtigkeit oder Unvollständigkeit der Angaben der Angebotsunterlage Kenntnis erlangt hat, spätestens jedoch in drei Jahren seit der Veröffentlichung der Angebotsunterlage.

1. Vereinheitlichung der Verjährungsvorschriften

Diese Verjährungsregelung lehnt sich hinsichtlich ihres zweifachen Anknüpfungspunktes für den Verjährungsbeginn an andere bereits existierende Vorschriften an. So sind die investmentrechtlichen Verjährungsregeln (§ 12 Abs. 5 AuslInvestmG und § 20 Abs. 5 KAGG) schon 1969[399] bzw. 1970[400] in dieser Form gestaltet worden. Durch das 3. Finanzmarktförderungsgesetz ist dann auch § 46 BörsG diesen Vorbildern angepasst worden. Da die Rechtsprechung[401] für den Bereich der allgemeinen zivilrechtlichen Prospekthaftung – zumindest für sog. engere Prospekthaftungsansprüche[402] – schließlich gleichfalls eine an zwei Momente anknüpfende Verjährungsregelung schuf, ist es also insoweit zu einer begrüßenswerten[403] Vereinheitlichung aller kapitalmarktrechtlichen Verjährungsvorschriften gekommen.

2. Unterschiede zwischen den Verjährungsvorschriften

§ 12 Abs. 4 unterscheidet sich jedoch in einem Punkt von sämtlichen anderen genannten Normen. Während die „lange" Verjährung einheitlich 3 Jahre beträgt, dauert die „kurze" Verjährung ein Jahr. Das ist gegenüber den anderen Verjährungsregelungen, die sämtlich einen Zeitraum von 6 Monaten vorsehen, (noch)[404] eine Verdopplung der Fristlänge.

3. Auseinandersetzung um die Länge der Verjährungsfrist

Bei der Schaffung der verkürzten Fristen des § 46 BörsG (6 Monate bzw. 3 Jahre) gab es im Gesetzgebungsverfahren heftige Auseinandersetzungen darüber, ob diese Zeitspannen nicht für einen effektiven Anlegerschutz zu kurz bemessen ist. Insbesondere die Deutsche Schutzvereinigung für Wertpapierbesitz (DSW) wandte sich unter Hinweis auf die Prozessgeschichte der Bond-Anleihe gegen eine Verkürzung der Frist von generell fünf Jahren auf u.U. sechs Monate. Im Fall Bond-Anleihe hätte dies – so der DSW – den Ausschluss einer Vielzahl von Ansprüchen zur Folge gehabt.[405]

---

399 BGBl. I 1969, S. 986.

400 BGBl. I 1970, S. 127.

401 Grundlegend BGHZ 83, 222 223 ff. = DB 1982, 1161 m. Anm. Kaligin = NJW 1982, 1514 m. Anm. Liesegang; weiterhin BGH NJW 1984, 2523 = WM 1984, 889; NJW 1985, 380.

402 Zur Differenzierung kritisch Morgen, NJW 1987, 474 ff.

403 So bereits zu § 46 BörsG, nach dessen Neuformulierung: Kort, AG 1999, 9, 16; i.d.S. auch Ellenberger, FS Schimanski, S. 591, 607.

404 Der Gesetzgeber plant in einem 4. Finanzmarktförderungsgesetz die kurze Verjährungsfrist sämtlicher kapitalmarktrechtlicher Haftungsvorschriften auf ein Jahr zu erstrecken.

405 Vgl. auch die Ausführungen von Hopt, FS Drobnig, S. 525, 531f.

Der Gesetzgeber des 3. Finanzmarktförderungsgesetz hat sich von dieser Kritik nicht beeindrucken lassen und die bereits mehrfach erwähnten Fristen geschaffen. In der Tat sprachen eine Vielzahl von Argumenten für eine Verkürzung der Verjährungsfristen. Zu vorderst ist die Schnelllebigkeit der weltweiten Kapitalmärkte zu nennen. Aber auch das – zumindest mit dem 3. Finanzmarktförderungsgesetz verfolgte – Ziel der Förderung von Risikokapital konnte damit erreicht werden. Daneben vermag die Kürze der Frist zur Risikobegrenzung bei der Inanspruchnahme der Kapitalmärkte beizutragen und somit einen zeitlichen Rahmen für die Haftungsdrohung zu schaffen. Des weiteren gilt es zu bedenken, dass mit zunehmendem Zeitablauf auch vermehrt Beweisschwierigkeiten auftreten. Schließlich konnte durch eine kurze Verjährungsfrist einem möglichen Spekulieren mit Haftungsansprüchen vorgebeugt werden.[406]

Auch wenn damit im Rahmen der Novellierung des Börsengesetzes der Weg hin zu einer Vereinheitlichung der Verjährungsfrist aufgezeigt war, blieb für den Gesetzgeber noch zu entscheiden, ob die Frist letztlich 6 Monate oder 1 Jahr betragen sollte. Er hielt 1998 – gegen den Widerstand der Deutschen Schutzvereinigung für Wertpapierbesitz – die 6-monatige Frist für ausreichend.

Seither haben jedoch die Erfahrungen in den jüngsten Fällen, in denen sich Anleger mit der Absicht der Geltendmachung von kapitalmarktrechtlichen Haftungsansprüchen getragen haben, gezeigt, dass die Vorbereitung von Prozessen aufgrund deren Komplexität häufig einem enormen Zeitdruck unterliegt. Vor diesem Hintergrund hat sich der Gesetzgeber des Wertpapiererwerbs- und Übernahmegesetzes veranlasst gesehen, die „kurze" Verjährungsfrist auf ein Jahr auszudehnen. Auch bei dieser Länge können die oben – im Zusammenhang mit der Verkürzung der Frist auf 6 Monate – genannten Ziele noch verwirklicht werden.

Im übrigen ist darauf hinzuweisen, dass der Gesetzgeber im Rahmen eines 4. Finanzmarktförderungsgesetzes plant, auch in sämtlichen anderen erwähnten Haftungsvorschriften, die „ein Jahr/drei Jahre"-Regelung aufzunehmen.

4. Zwei Alternativen für die Verjährung

Die Verjährung des Schadensersatzanspruchs knüpft alternativ an zwei Ereignisse an:

Zum einen an die Kenntniserlangung von der Fehlerhaftigkeit der Angebotsunterlage durch den ehemaligen Aktionär der Zielgesellschaft. Hierdurch wird eine Verjährungseinrede begründet, die als „relativ" in dem Sinne bezeichnet werden kann, dass ihr Beginn von den Umständen des Einzelfalls, nämlich der konkreten Kenntniserlangung durch den jeweiligen Aktionär der Zielgesellschaft, abhängt. Dieser relativen Verjährungsfrist dürfte allerdings eher wenig Bedeutung zukommen, da die zum Schadensersatz verpflichteten Personen regelmäßig nicht in der Lage sein werden, den Nachweis der positiven Kenntnis des Anlegers von der mangelhaften Angebots-

[406] So zumindest Assmann/Schütze, Ergänzungsband zum Kapitalanlagerecht, Stand März 1999, § 7 Rn. 57.

unterlage zu führen.[407] Der Beweis des Kennenmüssens des Mangels der Angebotsunterlage genügt nicht.

Das zweite Ereignis, an das die Verjährung des Schadensersatzanspruchs anknüpft, stellt die Veröffentlichung der Angebotsunterlage dar. Drei Jahre nach diesem Zeitpunkt greift die „absolute" Verjährungseinrede – so sie denn erhoben wird – durch. Der absoluten Verjährungsfrist kommt nur Bedeutung zu, soweit nicht der Anspruch bereits nach der relativen Verjährungsfrist verjährt ist. Das folgt aus der Verwendung des Wortes „spätestens" in § 12 Abs. 4. Die Bezugnahme auf die Veröffentlichung der Angebotsunterlage ist richtig, da in diesem Moment die Angebotsunterlage erstmalig ihre irreführende Wirkung entfalten kann.

[407] So für § 46 BörsG auch Assmann/Schütze, Ergänzungsband zum Kapitalanlagerecht, Stand März 1999, § 7 Rn. 57.

VII. Konkurrenzen

Gem. § 12 Abs. 6 bleiben weitergehende Ansprüche, die nach den Vorschriften des bürgerlichen Rechts auf Grund von Verträgen oder vorsätzlichen unerlaubten Handlungen erhoben werden können, unberührt. Die Vorschrift entspricht damit wörtlich § 47 Abs. 2 BörsG, so dass im Hinblick auf Fragen, die das Verhältnis von § 12 Abs. 1 zu anderen in Betracht kommenden Anspruchsgrundlagen zum Gegenstand haben, möglicherweise zum Teil auf die für § 44 Abs. 1 BörsG entwickelten Antworten zurückgegriffen werden kann.

1. Der Anspruch aus § 44 Abs. 1 BörsG und konkurrierende Ansprüche

Die § 12 Abs. 6 entsprechende Vorschrift des § 47 Abs. 2 BörsG/früher: § 48 Abs. 2 BörsG ist durch die Novellierung des Börsengesetzes im Rahmen des 3. Finanzmarktförderungsgesetzes[408] geändert worden.

a. § 48 Abs. 2 BörsG a.F.

Nach § 48 Abs. 2 BörsG a.F. blieben nur weitergehende vertragliche Ansprüche von der Regelung der §§ 44, 45 BörsG a.F. unberührt.[409]

Aus dieser positiven Formulierung wurde entnommen, dass jedenfalls vertragliche Ansprüche neben der börsengesetzlichen Prospekthaftung geltend gemacht werden konnten.[410] Ob aus § 48 Abs. 2 BörsG a.F. gleichzeitig im Umkehrschluss zu entnehmen war, dass alle übrigen Ansprüche von §§ 44, 45 BörsG a.F. verdrängt wurden, wurde nicht einheitlich beurteilt.[411]

Ansprüche aus culpa in contrahendo wegen Verschuldens im Zusammenhang mit der Vertragsanbahnung sollten nach einer Ansicht aufgrund des Wortlauts des § 48 Abs. 2 BörsG a.F. generell ausgeschlossen sein, da es sich bei ihnen nicht um vertragliche, sondern um quasi-vertragliche Ansprüche handelt.[412] Nach anderer Ansicht konnte aufgrund der Ähnlichkeit dieser Ansprüche mit den vertraglichen Ansprüchen zumindest dann § 48 Abs. 2 BörsG a.F. analog angewendet werden, wenn ein vorvertraglicher Kontakt bestand.[413] Da es regelmäßig an einem solchen Kontakt fehlt, kam diesen beiden unterschiedlichen Auffassungen im Ergebnis keine Bedeutung zu.[414] Soweit zum Teil eine generelle Parallelität der Ansprüche aus §§ 44, 45 BörsG

---

[408] BGBl. I vom 24.3.1998 S. 529, 531.

[409] Die Verwendung der Formulierung „bleibt unberührt" ist auch aus anderen Vorschriften bekannt. So findet sie sich z.B. in § 324 UmwG (dazu Zerres, ZIP 2001, 359, 360). Sie wird regelmäßig dahin verstanden, dass andere gesetzliche Vorschriften neben der relevanten Norm weitergelten.

[410] Schwark, BörsG, §§ 48 Rn. 2; Hamann, in: Schäfer, WpHG/BörsG/VerkProspG, § 48 BörsG a.F. Rn. 4.

[411] Am ausführlichsten Hamann, in: Schäfer, WpHG/BörsG/VerkProspG, § 48 BörsG a.F. Rn. 3ff.

[412] So z.B. Waldeck/Süßmann, WM 1993, 361, 367; de Meo, Bankenkonsortium, S. 198f.; Canaris, Bankvertragsrecht, Rn. 2289.

[413] Kort, AG 1999, 9, 18; Assmann/Schütze, Kapitalanlagerecht, § 7 Rn. 235; Hamann, in: Schäfer, WpHG/BörsG/VerkProspG, § 48 BörsG a.F. Rn. 5.

[414] von Westphalen, BB 1994, 85, 88; Waldeck/Süßmann, WM 1993, 361, 367; Schwark, ZGR 1983, 162, 183.

a.F. und cic befürwortet wurde,[415] konnte dem bereits unter Geltung der alten Rechtslage nicht gefolgt werden.

Die ganz herrschende Meinung sah die allgemeine zivilrechtliche Prospekthaftung durch die börsengesetzliche Prospekthaftung als spezialgesetzlicher Regelung verdrängt.[416]

Im Hinblick auf deliktische Ansprüche bestand Einigkeit darüber, dass jedenfalls Ansprüche, die an ein Verhalten außerhalb des Prospekts anknüpften, nicht durch den Börsenprospekthaftungsanspruch gem. §§ 44, 45 BörsG a.F. ausgeschlossen sein sollten.[417] Im übrigen war strittig, ob deliktische Ansprüche durch § 48 Abs. 2 BörsG a.F. nur insoweit durch §§ 44, 45 BörsG a.F. verdrängt werden sollten, als dadurch die Haftungsbeschränkungen der §§ 44, 45 BörsG a.F. zugunsten der Prospektverantwortlichen ausgehöhlt werden würden. Die herrschende Meinung schloss deliktische Ansprüche neben den §§ 44, 45 BörsG a.F., soweit sie an den Prospekt anknüpften, in Gänze aus.[418]

b. § 47 Abs. 2 BörsG n.F.

Mit der Neuregelung des § 47 Abs. 2 BörsG versuchte der Gesetzgeber, die im Hinblick auf die Auslegung der Vorschrift in ihrer alten Fassung bestehenden Meinungsverschiedenheiten zu beseitigen.

Beibehalten wurde die bereits nach der alten Rechtslage gegebene Möglichkeit, neben dem Anspruch aus §§ 44, 45 BörsG Ansprüche aufgrund von bestehenden Sonderverbindungen nach bürgerlichen Recht parallel geltend zu machen.[419]

Gleiches gilt nunmehr für Ansprüche wegen einer vorsätzlichen unerlaubten Handlung. Ob in dieser Neuformulierung lediglich eine Klarstellung oder eine Änderung der vordem geltenden Rechtslage zu sehen ist, hängt von der Auslegung des § 48 Abs. 2 BörsG a.F. ab und wird dementsprechend im Schrifttum verschieden beurteilt.[420] Aufgrund der Neuregelung steht nunmehr fest, dass fahrlässige Begehungsweisen eine deliktische Haftung neben § 44 Abs. 1 BörsG nicht auslösen können. Das wird man einschränkend jedoch dahin zu verstehen haben, dass damit nur fahrlässige deliktische Ansprüche im Zusammenhang mit der Prospektveröffentlichung gemeint sind und für außerhalb dieses Bereichs liegende Verhaltensweisen uneinge-

---

[415] Canaris, Bankvertragsrecht, Rn. 2289; Hopt, S. 48 Fn. 133.

[416] OLG Frankfurt/M., ZIP 1997, 107, 109; WM 1997, 361, 363; LG Frankfurt/M., ZIP 1996, 25, 26; Waldeck/Süßmann, WM 1993, 361, 367; Hamann, in: Schäfer, WpHG/BörsG/VerkProspG, § 48 BörsG a.F. Rn. 7; Altmeppen, DB 1993, 84, 86.

[417] Schwark, BörsG, §§ 45, 46 Rn. 45; Hamann, in: Schäfer, WpHG/BörsG/VerkProspG, § 48 BörsG a.F. Rn. 9.

[418] LG Frankfurt/M., ZIP 1996, 25, 26; Nussbaum, BörsG, §§ 45, 46 Anm. VII c; Apt, BörsG, § 46 Anm. VI; Schwark, BörsG, 1. Aufl., §§ 45, 46 Rn. 21; Schwark, ZGR 1983; 162, 183; a.A. Schwark, BörsG, 2. Aufl., §§ 45, 46 Rn. 44; OLG Bremen, AG 1997, 420, 421; Hopt, FS Drobnig, S. 525, 533.

[419] Hamann, in: Schäfer, WpHG/BörsG/VerkProspG, § 48 BörsG n.F. Rn. 3; Assmann/Schütze, Ergänzungsband zum Kapitalanlagerecht, Stand: März 1999, § 7 Rn. 59.

[420] Für Klarstellung: Groß, Kapitalmarktrecht, § 48 BörsG Rn. 2; Hamann, in: Schäfer, WpHG/BörsG/VerkProspG, § 48 BörsG n.F. Rn. 3; Hopt, FS Drobnig, S. 525, 533; Hauptmann, in: Vortmann, Prospekthaftung und Anlageberatung, § 3 Rn. 145. Für Änderung: Kort, AG 1999, 9, 18.

schränkt, d.h. auch für fahrlässige Begehungsformen, gehaftet wird.[421] Soweit § 47 Abs. 2 BörsG die Möglichkeit zur Geltendmachung von Ansprüchen aufgrund von vorsätzlichem unerlaubten Verhalten eröffnet, ist zu beachten, dass die mit der Neuregelung der §§ 44, 45 BörsG beabsichtigte Begrenzung des Haftungsrisikos für die Prospektverantwortlichen nicht unterlaufen werden darf.[422] Soweit Hopt[423] an § 47 Abs. 2 BörsG bemängelt, dass er aufgrund des Ausschlusses grob fahrlässigen deliktischen Verhaltens hinter dem durch § 47 Abs. 2 BörsG a.F. gewährten Anlegerschutz zurückbleibt, ist dem zwar zuzustimmen, doch ist angesichts des eindeutigen Wortlauts von § 47 Abs. 2 eine anderweitige Auslegungsmöglichkeit ausgeschlossen.

Mit der Neuregelung ist zugleich bestätigt worden, dass die allgemeine zivilrechtliche Prospekthaftung weiterhin von der spezialgesetzlichen Prospekthaftung verdrängt wird.[424]

Als noch offen muss hingegen die Frage angesehen werden, ob Ansprüche aus culpa in contrahendo wegen Verschuldens bei der Vertragsanbahnung neben dem Anspruch aus § 44 Abs. 1 BörsG geltend gemacht werden können. Wertungsgesichtspunkte legen eine Anspruchsparallelität nahe.[425] Zum Teil wird im Hinblick auf den cic-Anspruch allein darauf abgestellt, ob die Wertpapiere von einer emissionsbegleitenden Bank erworben wurden. War dies der Fall, sollen vorvertragliche Ansprüche neben eventuellen Prospekthaftungsansprüchen bestehen.[426]

Zusammenfassend ist damit festzuhalten, dass neben dem Anspruch aufgrund der börsengesetzlichen Prospekthaftung gem. § 44 Abs. 1 BörsG lediglich vertragliche und vorsätzliche deliktische Ansprüche sowie nach bestrittener Meinung zusätzlich Ansprüche aufgrund Verschuldens beim Vertragsschluss geltend gemacht werden können.

---

421 Kort, AG 1999, 9, 18f.
422 BT-Drucks. 13/8933, S. 54, 81; Kort, AG 1999, 9, 18.
423 FS Drobnig, S. 529, 533.
424 OLG Frankfurt, NJW-RR 1997, 749, 750 = ZIP 1997, 107, 109 = BB 1997, 333 = DB 1997, 264; WM 1997, 361; Kort, AG 1999, 9, 19; Groß, Kapitalmarktrecht, §§ 45, 46 BörsG Rn. 64 sowie § 48 Rn. 3; Hamann, in: Schäfer, WpHG/BörsG/VerkProspG, § 48 BörsG n.F. Rn. 3; Assmann/Schütze, Ergänzungsband zum Kapitalanlagerecht, Stand: März 1999, § 7 Rn. 59; Hopt, FS Drobnig, S. 525, 533; Assmann, FS Kübler, S. 317, 338 f.; Hauptmann, in: Vortmann, Prospekthaftung und Anlageberatung, § 3 Rn. 136.
425 Im Ergebnis ebenso Assmann/Schütze, Ergänzungsband zum Kapitalanlagerecht, Stand: März 1999, § 7 Rn. 59; Hopt, FS Drobnig, S. 525, 533; Hauptmann, in: Vortmann, Prospekthaftung und Anlageberatung, § 3 Rn. 142.
426 Groß, Kapitalmarktrecht, §§ 45, 46 BörsG Rn. 64; Kort, AG 1999, 9, 18; Hamann, in: Schäfer, WpHG/BörsG/VerkProspG, § 48 BörsG n.F. Rn. 3.

2. Der Anspruch aus § 12 Abs. 1 und konkurrierende Ansprüche

Im folgenden soll untersucht werden, ob sich das Verhältnis von § 12 Abs. 1 zu anderen zum Schadensersatz berechtigenden Normen ebenso darstellt wie die Konkurrenzproblematik um die Vorschrift des § 44 Abs. 1 BörsG. Als Argument hierfür könnte der identische Wortlaut von § 12 Abs. 6 einerseits und § 47 Abs. 2 BörsG andererseits dienen.

a. Vertragliche Ansprüche

§ 12 Abs. 6 stellt ausdrücklich klar, dass Ansprüche aufgrund zugleich bestehender schuldrechtlicher Sonderverbindungen nach bürgerlichem Recht durch die Regelung des § 12 Abs. 1 nicht berührt werden.[427] Vertragliche Ansprüche können also neben dem Anspruch aus § 12 Abs. 1 geltend gemacht werden.[428]

Fraglich ist indessen, inwiefern dieses Ergebnis überhaupt geeignet ist, den Interessen der (ehemaligen) Aktionäre der Zielgesellschaft zu dienen.

aa. Allein der Bieter ist vertraglicher Schuldner

Zu berücksichtigen ist zunächst, dass ein vertraglicher Anspruch allenfalls gegenüber dem Bieter - also einer nach § 12 Abs. 1 Nr. 1 schadensersatzpflichtigen Person - zur Entstehung gelangen kann, da nur er das Angebot abgibt. Damit scheiden z.B. vertragliche Ansprüche gegenüber gem. § 12 Abs. 1 Nr. 2 zum Schadensersatz verpflichteten Verantwortlichen für die Angebotsunterlage von vornherein aus. Das kann sich insofern als problematisch erweisen als mit der Geltendmachung von Haftungsansprüchen häufig Liquiditätsschwierigkeiten des Bieters verbunden sein dürften.

bb. Begrenzte Gewährleistungsansprüche

Kommt nach der Abgabe des öffentlichen Angebots durch den Bieter aufgrund der Annahme dieses Angebots durch den Aktionär der Zielgesellschaft ein Vertrag zustande, handelt es sich entweder um einen Kauf-, Tausch- oder um einen gemischten Vertrag. Die genaue rechtliche Einordnung des geschlossenen Vertrages hängt im wesentlichen von der vom Bieter gebotenen Gegenleistung ab.

(1) Tauschvertrag

Sind liquide stimmberechtigte Aktien als Gegenleistung geboten, liegt ein Tauschvertrag vor, auf den über § 515 BGB die §§ 433 ff. BGB entsprechend anzuwenden sind.

---

[427] Amtliche Begründung, S. 61, 108 f.

[428] Bei § 12 Abs. 6 handelt es sich um eine Rechtsgrundverweisung, d.h. die Frage, ob ein vertraglicher Anspruch besteht, muss eigenständig geprüft werden.

(a) Rechtskauf

Da der Wertpapierkauf zum einen ein Rechtskauf ist,[429] richtet sich die Geltendmachung von Gewährleistungsansprüchen nach § 435 i.V.m. § 437 BGB. Danach haftet der Verkäufer eines Rechts lediglich für dessen Verität, nicht hingegen für dessen Bonität. Aus diesem Grund ist die Geltendmachung von Ansprüchen ausgeschlossen, die ihre Ursache in Mängeln des Unternehmens selbst haben (z.B. fehlerhafte Unternehmensbewertung). Wegen § 515 BGB gilt diese Regelung nicht nur für den Wertpapierkauf, sondern auch für den Wertpapiertausch.[430]

(b) Sachkauf

Zusätzlich zum Rechtskauf stellt der Wertpapierkauf, soweit es um Fehler an der Urkunde selbst geht, einen Sachkauf dar. Das hat zwar zur Folge, dass die Sachmängelgewährleistung gem. §§ 437 ff. BGB eingreift, doch dürften Mängel an der Urkunde selbst aufgrund der heute üblichen Girosammelverwahrung der Wertpapiere kaum jemals praktisch relevant werden.

Auch die weitere Ausnahme, bei der es im Rahmen des Wertpapierkaufs zur Anwendung der §§ 437 ff. BGB kommen kann - wenn nämlich der Erwerb der Wertpapiere in Wahrheit dem Erwerb des Unternehmens gleichkommt[431] -, dürfte im Zusammenhang mit der Übernahme einer Gesellschaft kaum Bedeutung zukommen. Zwar erfolgt die Abgabe eines Angebots regelmäßig mit dem Ziel, ein Unternehmen zu erwerben, doch ist zu berücksichtigen, dass es sich hierbei um den Abschluss einer Vielzahl von Kaufverträgen handelt, die zwar in der Summe, nicht jedoch einzeln betrachtet, dem Erwerb eines Unternehmens gleichkommen (können). Insoweit weist Oechsler[432] zutreffend darauf hin, dass mit dem öffentlichen Angebot regelmäßig nur die Erlangung der Kontrolle i.S.v. § 29 angestrebt wird, diese jedoch nicht zwingend dem Kauf des Unternehmens i.S.d. genannten Rechtsprechung gleichstehen muss.

(2) Kaufvertrag oder gemischter Vertrag

Ist als Gegenleistung für die Aktien an der Zielgesellschaft eine Geldleistung geboten worden, sodass zwischen Bieter und Aktionär ein Kaufvertrag abgeschlossen wurde, scheiden konkurrierende vertragliche Schadensersatzansprüche des Aktionärs aus, da er als Empfänger einer Geldleistung insbesondere aus den Vorschriften des Gewährleistungsrechts keine Rechte herzuleiten vermag. Eine Vertragsanpassung im Sinne einer Heraufsetzung der gebotenen Gegenleistung nach den Grundsätzen des Wegfalls der Geschäftsgrundlage kommt ebenfalls nicht in Betracht, da deren Voraussetzungen regelmäßig nicht vorliegen.

[429] Palandt-Putzo, BGB, § 437 Rn. 11.
[430] Staudinger-Mader, BGB, § 515 Rn. 16.
[431] Ständige Rspr.; vgl. RGZ 120, 283, 286; BGHZ 65, 246, 251f.; BGH NJW 1969, 184 daselbst.
[432] NZG 2001, 817, 821.

cc. Zusammenfassung

Im Ergebnis ist daher festzuhalten, dass – obgleich § 12 Abs. 6 konkurrierende vertragliche Ansprüche neben § 12 Abs. 1 zulässt – im Regelfall eine Verbesserung des Anlegerschutzes daraus nicht resultiert.

b. Deliktische Ansprüche

§ 12 Abs. 6 sieht vor, dass Ansprüche aufgrund vorsätzlicher unerlaubter Handlungen neben dem Anspruch aus § 12 Abs. 1 geltend gemacht werden können. Ausgeschlossen sind damit im Anwendungsbereich der Haftung für fehlerhafte Angebotsunterlagen im Rahmen eines Übernahmeverfahrens Ansprüche wegen fahrlässigen deliktischen Verhaltens. Indes wird man die Regelung ebenso wie diejenige des § 47 Abs. 2 BörsG dahingehend zu verstehen haben, dass sich der Ausschluss für fahrlässige deliktische Handlungen nur auf das Geschehen im Zusammenhang mit der Veröffentlichung der Angebotsunterlage bezieht. Für außerhalb dieses Bereichs liegende Verhaltensweisen kommt auch eine Haftung wegen fahrlässiger Verletzung deliktsrechtlicher Vorschriften in Betracht.

Bei den neben § 12 Abs. 1 zulässigen deliktischen Ansprüchen ist an §§ 826, 823 Abs. 2 BGB zu denken. Schutzgesetz i.S.d. § 823 Abs. 2 BGB ist insbesondere § 264a StGB,[433] aber auch § 266 StGB[434] gehört z.B. dazu. Von den Vorschriften außerhalb des Strafgesetzbuchs sind die §§ 399, 400 AktG, § 331 HGB Schutzgesetze i.S.d. § 823 Abs. 2 BGB.

Fraglich ist indessen, ob auch dann, wenn die Voraussetzungen eines deliktischen Schadensersatzanspruchs gem. §§ 826, 823 Abs. 2 BGB i.V.m. einem Schutzgesetz vorliegen, auf die entsprechende Rechtsgrundlage nur zurückgegriffen werden kann, wenn damit nicht das haftungsbeschränkende Anliegen des § 12 Abs. 1 umgangen wird. Aus dem Wortlaut des § 12 Abs. 6 lässt sich diese Einschränkung nicht unmittelbar entnehmen. Eine Rückbesinnung auf Sinn und Zweck der Gewährung beider Ansprüche ergibt jedoch, dass dem deliktischen Anspruch überhaupt nur dann eigenständige Bedeutung zukommt, es ihn also auch nur bedarf, wenn er über § 12 Abs. 1 hinausgehende Rechtsfolgen zu vermitteln vermag.

c. Ansprüche aufgrund der allgemeinen zivilrechtlichen Prospekthaftung

Ebenso wie im Fall der börsengesetzlichen Prospekthaftung gem. §§ 44, 45 BörsG verdrängt der spezialgesetzliche Haftungstatbestand gem. § 12 Abs. 1 die Prospekthaftung nach den allgemeinen Vorschriften. Auf den Grundsätzen der allgemeinen zivilrechtlichen Prospekthaftung basierende Ansprüche sind deshalb im Anwendungsbereich der Haftung für fehlerhafte Angebotsunterlagen ausgeschlossen. § 12 ist insoweit als abschließend anzusehen.[435]

---

[433] BGHZ 116, 7, 13 f. = NJW 1992, 241, 242; zu dem durch das Zweite Gesetz zur Bekämpfung der Wirtschaftskriminalität vom 15.5.1986 (BGBl. I S. 721) geschaffenen § 264a StGB im einzelnen vgl. Worms, wistra 1987, 242, 271; Otto, WM 1988, 729; Teske, wistra 1987, 117; Knauth, NJW 1987, 28.
[434] BGHZ 100, 191, 192.
[435] Amtliche Begründung, S. 61, 108 f.; Assmann, AG 2002, 153, 154; KK-Möllers, § 12 Rn. 150; Geibel/Süßmann, § 12 Rn. 1; Haarmann/Renner, § 12 Rn. 10.

d. Ansprüche aus culpa in contrahendo wegen Verschuldens bei der Vertragsanbahnung

Kommt es im Zusammenhang mit der Veröffentlichung einer Angebotsunterlage zu Schäden, die ihre Ursache nicht in der fehlerhaften Angebotsunterlage selbst haben, sondern auf einem Verschulden im Rahmen der Vertragsanbahnung beruhen, können Ersatzansprüche gemäß den Grundsätzen der culpa in contrahendo neben den Ansprüchen aus § 12 Abs. 1, aus Vertrag oder aus §§ 823 Abs. 2, 826 BGB geltend gemacht werden. Derartige cic-Ansprüche werden – anders als die ebenfalls auf den Grundsätzen der culpa in contrahendo basierenden zivilrechtlichen Prospekthaftungsansprüche[436] – nicht ausgeschlossen.[437] Die im Zusammenhang mit den deliktischen Ansprüchen behandelte Frage, ob über diese Vorschriften das haftungsbegrenzende Ziel des § 12 Abs. 1 unterlaufen werden kann, stellt sich hier nicht, da die Anknüpfungspunkte einer Haftung wegen einer fehlerhaften Angebotsunterlage und einer Haftung wegen Verschuldens bei der Vertragsanbahnung verschieden sind.

e. Gesellschaftsrechtliche Ansprüche

Folgt man dem Wortlaut des § 12 Abs. 6, können neben § 12 Abs. 1 gesellschaftsrechtliche Ansprüche nicht geltend gemacht werden. Auch ein Blick in die Gesetzesbegründung zu § 12 Abs. 6 legt diesen Schluss nahe, wenn es dort heißt, „ die Vorschrift ist als abschließend anzusehen".[438] Jedoch wird man aufgrund der unterschiedlichen Anknüpfungspunkte für die Haftung sowie der unterschiedlichen Schadensersatzberechtigten und –verpflichteten eine parallele Anwendung der gesellschaftsrechtlichen Ansprüche neben § 12 Abs. 1 zulassen müssen.

Ein gesellschaftsrechtlicher Schadensersatzanspruch kann z.B. aus § 117 Abs. 1 Satz 2 AktG (evtl. i.V.m. § 117 Abs. 2 oder Abs. 3 AktG) resultieren. In jedem Fall muss der Schaden der Aktionäre über die Schädigung der Aktiengesellschaft, die den Aktionären durch die Wertminderung ihrer Aktien als eigener Schaden vermittelt wird (Reflexschaden), hinausgehen.[439] Die Voraussetzungen eines Anspruch gem. § 117 Abs. 1 AktG sind erfüllt, wenn jemand unter Ausnutzung seines Einflusses auf die Aktiengesellschaft ein Vorstands- oder Aufsichtsratsmitglied, einen Prokuristen oder Handlungsbevollmächtigten dazu bestimmt, zum Schaden der Gesellschaft oder ihrer Aktionäre zu handeln.[440]

f. Anspruch wegen fehlerhafter Finanzierungsbestätigung gem. § 13 Abs. 2

Der Bieter muss vor der Veröffentlichung des Angebots sicherstellen, dass er die zur vollständigen Erfüllung des Angebots notwendigen finanziellen Mittel zum Zeitpunkt

[436] BGHZ 71, 284 ff.
[437] Ebenso KK-Möllers, § 12 Rn. 150.
[438] Amtliche Begründung, S. 61, 109.
[439] Kölner Kommentar zum AktG-Mertens, § 117 Rn. 20; zum Ausgleich des Reflexschadens siehe aus der Rspr. BGHZ 94, 55, 58 = NJW 1985, 1777; BGHZ 105, 121, 123; NJW 1992, 3167; ausführlich im Schrifttum Müller, FS Kellermann, S. 317; 331ff.; Mertens, FS Lange, S. 561, 569 f.
[440] Vgl. zur Vorgängernorm des § 101 AktG 1937 mit ihrer Begrenzung der schadensersatzpflichtigen Personen auf Vorstands- und Aufsichtsratsmitglieder ausführlich Teichmann/Köehler, AktG 1937, § 101 Rn. 1 ff.

der Fälligkeit des Anspruchs auf die Gegenleistung zur Verfügung hat (§ 13 Abs. 1 Satz 1). Dazu hat er eine schriftliche Finanzierungsbestätigung vorzulegen (§ 13 Abs. 1 Satz 2). Mit diesen Regelungen soll der entscheidenden Bedeutung, die der Fähigkeit des Bieters, den Erwerb der Wertpapiere zu finanzieren, zukommt, Rechnung getragen werden.[441]

aa. Voraussetzungen und Rechtsfolgen des Anspruchs

Stehen dem Bieter im Rahmen der Durchführung des Verfahrens entgegen der Aussage in der Finanzierungsbestätigung die notwendigen Mittel nicht zur Verfügung, gewährt § 13 Abs. 2 einen Schadensersatzanspruch. Dieser richtet sich gegen diejenigen Personen, die die Finanzierungsbestätigung erteilt haben. Das können ein vom Bieter unabhängiges Wertpapierdienstleistungsunternehmen oder ein Wirtschaftsprüfer mit Sitz in einem Staat des Europäischen Wirtschaftsraums oder ein aufgrund Rechtsverordnung gem. § 53 c KWG gleich- bzw. freigestelltes Unternehmen sein. Mit der Begrenzung auf Unternehmen mit Sitz im Europäischen Wirtschaftsraum oder einem nach § 53 c KWG gleich- oder freigestelltem Unternehmen soll im Interesse der Zielgesellschaft und seiner Aktionäre ein möglichst hoher Überwachungsstand über das testierende Unternehmen gewährleistet werden.

Die genannten Personen können jedoch nicht in Anspruch genommen werden, wenn sie in der Lage sind, nachzuweisen, dass sie die Unrichtigkeit der Bestätigung nicht gekannt haben und die Unkenntnis nicht auf grober Fahrlässigkeit beruht (§ 13 Abs. 3). Auch insoweit liegt – vergleichbar zur Regelung in § 12 Abs. 2 – eine Umkehr der Beweislast entsprechend den Grundsätzen über die Verteilung der Beweislast nach Gefahrenbereichen vor. Auch hier dürfte diese Beweislastumkehr häufig dazuführen, dass die für die Finanzierungsbestätigung verantwortlichen Personen den Beweis für das fehlende Verschulden nicht werden erbringen können. Jedoch liegt keine Garantiehaftung vor.[442]

Inhaber des Schadensersatzanspruchs ist derjenige, der das Angebot angenommen hat (§ 13 Abs. 2).

Durch den Anspruch soll der geschädigte Aktionär der Zielgesellschaft so gestellt werden, als hätte der Bieter ordnungsgemäß erfüllt.[443] Es ist ihm also die in dem Angebot angebotene Gegenleistung, deren Vorhandensein der gem. § 13 Abs. 2 haftungsrechtlich in Anspruch genommene bestätigt hat, zu gewähren. Ziel der Haftung ist es demnach, den Kreis der Haftenden für den Fall zu erweitern, dass die Aktionäre der Zielgesellschaft ihre Ansprüche gegen den Bieter auf Erbringung der Gegenleistung nicht durchsetzen können.

Für die Entscheidung über Ansprüche gem. § 13 Abs. 2 besteht eine ausschließliche Zuständigkeit der Landgerichte (§ 67 Abs. 1).

---

[441] Amtliche Begründung, S. 61, 109.
[442] Möller/Pötzsch, ZIP 2001, 1256, 1258 (zum RegE-WpÜG).
[443] Amtliche Begründung, S. 61, 110.

bb. Das Verhältnis von § 13 Abs. 2 zu § 12 Abs. 1

Fraglich ist, ob der auf der unrichtigen Finanzierungsbestätigung basierende Schadensersatzanspruch neben dem Anspruch wegen der fehlerhaften Angebotsunterlage geltend gemacht werden kann. Dem gilt es deshalb nachzugehen, weil bei Vorliegen einer fehlerhaften Finanzierungsbestätigung aufgrund der Regelung des § 12 Abs. 2 Satz 3 Nr. 5, wonach die Finanzierungsbestätigung als ergänzende Angabe in die Angebotsunterlage aufzunehmen ist, regelmäßig auch die Angebotsunterlage selbst fehlerhaft sein dürfte.

Gegen die parallele Anwendung beider Vorschriften könnte der Wortlaut von § 12 Abs. 6 sprechen, wonach nur weitergehende vertragliche oder auf vorsätzlichen unerlaubten Handlungen beruhende Ansprüche unberührt bleiben. Die unterbliebene Erwähnung von § 13 Abs. 2 könnte deshalb dafür sprechen, dass Ansprüche aus § 12 Abs. 1 und § 13 Abs. 2 nicht nebeneinander geltend gemacht werden können.

Dieser am Wortlaut von § 12 Abs. 6 orientierten Lösung des Konkurrenzverhältnisses zwischen § 12 Abs. 1 und § 13 Abs. 2 kann indes nicht gefolgt werden. Stattdessen führt eine Rückbesinnung auf die mit beiden Haftungsansprüchen verfolgten unterschiedlichen Ziele, Anknüpfungspunkte und schadensersatzpflichtigen Personen zu einer parallelen Anwendung der beiden Haftungsvorschriften.

g. Amtshaftungsanspruch gem. § 839 BGB i.V.m. Art. 34 GG gegen die Bundesanstalt für Finanzdienstleistungsaufsicht

Ist eine fehlerhafte Angebotsunterlage veröffentlicht worden, kommt auch ein Schadensersatzanspruch gegen die Bundesanstalt für Finanzdienstleistungsaufsicht in Betracht. Anspruchsgrundlage hierfür bildet § 839 BGB i.V.m. Art. 34 GG.

Die Mitarbeiter der Bundesanstalt für Finanzdienstleistungsaufsicht sind Beamte im haftungsrechtlichen Sinn, da ihnen die Wahrnehmung der öffentlichen Gewalt[444] anvertraut worden ist. Das gilt unabhängig davon, ob sie gleichzeitig die Voraussetzungen eines Beamten im beamtenrechtlichen Sinn erfüllen.[445]

Die Mitarbeiter der BAFin trifft die Amtspflicht, die Angaben der Angebotsunterlage auf ihre Richtigkeit und Vollständigkeit zu überprüfen (§ 18 i.V.m. § 12). Diese Pflicht obliegt ihnen auch gegenüber Dritten – z.B. den Aktionären und Arbeitnehmern der Zielgesellschaft sowie der Öffentlichkeit –, da mit der Veröffentlichung einer richtigen und vollständigen Angebotsunterlage deren Interessen geschützt werden sollen.

Während der Eintritt eines Schadens regelmäßig zu bejahen sein wird, wenn es zur Inanspruchnahme der Bundesanstalt für Finanzdienstleistungsaufsicht kommt, dürfte der Nachweis des Verschuldens (Vorsatz oder Fahrlässigkeit) das Haupthindernis für eine erfolgreiche Durchsetzung eines Schadensersatzanspruchs darstellen. Vorsätzlich handelt der Beamte, der die Tatsachen, die die Pflichtverletzung objektiv erge-

---

[444] Zu der Frage, welche Tätigkeiten die Ausübung öffentlicher Gewalt darstellen, siehe die Aufzählung bei Palandt-Thomas, BGB, § 839 Rn. 11 ff.
[445] BGHZ 36, 193, 195; 20, 290, 292.

ben, kennt und sich auch der Pflichtwidrigkeit bewusst ist, oder mindestens mit der Möglichkeit eines Verstoßes gegen eine Amtspflicht rechnet und gleichwohl handelt.[446] Fahrlässig handelt demgegenüber der Beamte, der bei der Beobachtung der erforderlichen Sorgfalt hätte voraussehen müssen, dass er seiner Amtspflicht zuwiderhandelt.[447] Aus diesen Anforderungen ist zu entnehmen, dass nicht nur eine vorsätzliche, sondern auch eine fahrlässige Amtspflichtverletzung kaum nachweisbar ist, da nicht jede objektiv unrichtige Sachbehandlung den Verschuldensvorwurf ausfüllen zu vermag. Immer muss ein subjektiv vorwerfbares Verhalten hinzutreten.

[446] BGHZ 34, 375, 381.
[447] BGHZ 117, 240, 249.

VIII. Gerichtliche Zuständigkeit

§ 66 regelt die gerichtliche Zuständigkeit umfassend, d.h. sowohl in sachlicher und örtlicher als auch in funktioneller Hinsicht.[448]

1. Sachliche Zuständigkeit

Nach § 66 Abs. 1 sind für bürgerliche Rechtsstreitigkeiten, die sich aus diesem Gesetz ergeben, ohne Rücksicht auf den Wert des Streitgegenstandes die Landgerichte ausschließlich zuständig. Mit der Zuweisung der sachlichen Zuständigkeit an die Landgerichte wird – ebenso wie mit der Regelung in § 48 BörsG für den Bereich der Prospekthaftung[449] – der Zweck verfolgt, Entscheidungen über die Haftung wegen einer unrichtigen oder unvollständigen Angebotsunterlage den Amtsgerichten zu entziehen.

2. Örtliche Zuständigkeit

Örtlich zuständig ist auch das Landgericht, in dessen Bezirk die Zielgesellschaft ihren Sitz hat (§ 66 Abs. 1 Satz 3). Hieraus wird zweierlei deutlich: Zum einen kann sich die örtliche Zuständigkeit des Landgerichts aus den allgemeinen Regelungen in den §§ 12 – 40 ZPO ergeben. Zum anderen eröffnet § 66 Abs. 1 Satz 3 die Möglichkeit, für Klagen, die aufgrund des WpÜG bzw. wegen der in § 12 Abs. 6 genannten Ansprüche erhoben werden, als besonderen Gerichtsstand das Landgericht, in dessen Bezirk die Zielgesellschaft ihren Sitz hat, zu wählen. Die Anordnung des besonderen Gerichtsstands am Sitz der Zielgesellschaft soll eine Entscheidung durch das Gericht ermöglichen, in dessen Nähe sich häufig relevante Beweismittel, insbesondere Urkunden und Zeugen befinden.[450]

Eine Zuständigkeitsregelung dieses Inhalts ist erst im Laufe des Gesetzgebungsverfahrens in das Wertpapiererwerbs- und Übernahmegesetz eingefügt worden. Ursprünglich sahen sowohl der Diskussionsentwurf als auch der Referentenentwurf die örtliche Zuständigkeit ausschließlich des Landgerichts vor, in dessen Bezirk die Bundesanstalt für Finanzdienstleistungsaufsicht ihren Sitz hat. Hier stellt sich die Frage, ob nicht die zunächst angedachte Zuständigkeitsregelung – angesichts der damit verbundenen Konzentration der Spezialmaterie „WpÜG“ auf bundesweit ein einziges Landgericht – besser gewesen. Zumindest hätte dann Übereinstimmung mit § 48 BörsG bestanden. So bleibt nur die Möglichkeit, zumindest auf den Erlass von Rechtsverordnungen gem. § 66 Abs. 3 Satz 1 zu hoffen, um eine potentielle Zuständigkeit eines jeden deutschen Landgerichts zu vermeiden.[451] Gleiches gilt hinsichtlich der für die Berufung zuständigen Oberlandesgerichte. Auch hier kann eine Konzentration der Zuständigkeit bei einem Oberlandesgericht eines jeden Bundeslandes erfolgen (§ 66 Abs. 3 Satz 2).

---

[448] Zur Konzentration der gerichtlichen Zuständigkeiten nach dem WpÜG umfassend Möller, AG 2002, 170, 173 ff.

[449] Vgl. dazu Schwark, BörsG, § 49 Rn. 1 m.w.N.

[450] Möller/Pötzsch, ZIP 2001, 1256, 1261.

[451] Von der in § 89 GWB für Kartellsachen eingeräumten Ermächtigung ist von den Bundesländern Gebrauch gemacht worden.

3. Funktionelle Zuständigkeit

Rechtsstreitigkeiten nach dem Wertpapiererwerbs- und Übernahmegesetz sind nach § 66 Abs. 2 Handelssachen i.S.d. §§ 93 bis 114 GVG. Das bedeutet, der jeweilige Rechtsstreit wird auf Antrag des Klägers vor der Kammer für Handelssachen verhandelt (§ 96 GVG).[452] Von der ursprünglich vorgesehenen zwingenden Zuständigkeit dieser Spezialkammer hat der Gesetzgeber im Laufe des Gesetzgebungsverfahrens Abstand genommen.[453]

4. „Inhaltliche" Zuständigkeit

Das zuständige Gericht hat sowohl über die Ansprüche nach § 12 Abs. 1 als auch über vertragliche und deliktische Ansprüche, wenn letztere auf vorsätzlichen unerlaubten Handlungen beruhen (§ 12 Abs. 6),[454] zu entscheiden. Durch diese Klarstellung hat § 66 Abs. 1 Satz 2 – ebenso wie die Vorbildnorm § 48 BörsG – dem unter der Geltung des § 48 BörsG a.F. bestehenden Meinungsstreit darüber, ob die in § 47 Abs. 2 BörsG a.F.[455] erwähnten vertraglichen Ansprüche gleichfalls unter die ausschließliche Zuständigkeit fallen, von vornherein die Grundlage entzogen.

Daneben werden von der Zuständigkeitsregelung des § 66 kraft der ausdrücklichen Regelungen in Abs. 1 Satz 2 a.E. auch Klagen zur Klärung von übernahmerechtlichen Vorfragen erfasst.[456] Mit der Abhängigkeit der Entscheidung ist letztlich die Vorgreiflichkeit der Rechtsfrage gemeint.[457] Zwischen der Zuständigkeit wegen Ansprüchen gem. § 12 Abs. 6 und der Zuständigkeit wegen Vorfragen besteht ein Alternativverhältnis. Es ist also keineswegs so – wie der in diesem Punkt nicht zweifelsfreie Wortlaut der Norm es eventuell auch hergeben würde –, dass ein Anspruch nach § 12 Abs. 6 mit einer Vorfrage im Zusammenhang stehen muss. Ein derartiges Verständnis würde dem mit § 66 Abs. 1 Satz 2 verfolgten Zweck, eine fachliche Konzentration bei den Landgerichten zu erreichen, nicht gerecht.[458]

Schließlich werden von § 66 Abs. 1 z.B. auch Ansprüche gem. § 13 Abs. 2 erfasst.

---

[452] Ausführlich zur funktionellen Zuständigkeit der Kammer für Handelssachen: Möller, AG 2002, 170, 174.

[453] Vgl. dazu § 12 Abs. 7 RefE-WpÜG.

[454] Das gilt selbstverständlich nur für solche Ansprüche aus vorsätzlichen unerlaubten Handlungen, die auf Sachverhalte innerhalb des Anwendungsbereichs der Haftung für fehlerhafte Angebotsunterlagen gestützt werden. So für die Börsenprospekthaftung auch OLG Frankfurt, NJW 2003, 1258 ff.

[455] Die Vorschrift ist mit § 12 Abs. 6 vergleichbar, nur dass sie als „weitergehende Ansprüche" lediglich „solche nach den Vorschriften des bürgerlichen Rechtes auf Grund von Verträgen" erwähnt.

[456] Hierzu ausführlich Möller, AG 2002, 170, 174. Vgl. zur ebenso gestalteten Vorschrift des § 87 Abs. 1 Satz 2 GWB: Immenga/Mestmäcker-Schmidt, § 87 Rn. 18 ff.

[457] Möller, AG 2002, 170, 174 m.w.N.

[458] Ehricke, in: Ehricke, u.a., § 66 Rn. 9 f. m.w.N.

IX. Zusammenfassung

Die vorstehenden Darlegungen haben gezeigt, dass es dem Gesetzgeber mit den Vorschriften über die Haftung für unrichtige und unvollständige Angebotsunterlagen – ebenso wie mit dem Wertpapiererwerbs- und Übernahmegesetz insgesamt – gelungen ist, ein in sich und auch im Verhältnis zu den anderen gesetzlichen Regelungen, mit denen Berührungspunkte bestehen, stimmiges Gesetzeswerk zu schaffen. Trotz einiger Kritik an Einzelheiten ist § 12 WpÜG – ähnlich wie seinerzeit die §§ 44 ff. BörsG nach der Novellierung durch das 3. Finanzmarktförderungsgesetz – als wesentlicher Beitrag zu einem umfassenden auch dem Anlegerschutz dienenden Kapitalmarktrecht einzustufen.

Durch die unter dem Gesichtspunkt der Einheitlichkeit aller kapitalmarktrechtlichen Haftungstatbestände begrüßenswerten Anlehnung an die Vorschriften der §§ 44 ff. BörsG, §§ 19, 20 KAGG und § 12 AuslInvG hat der Gesetzgeber zugleich dafür Sorge getragen, dass die Rechtsanwender bei auftretenden Rechtsfragen weitestgehend auf schon zu diesen Normen bekannt gewordenen Antworten aufbauen können.

Gleichwohl wird es auch hier bislang anderweitig noch nicht entschiedene, möglicherweise zum jetzigen Zeitpunkt noch nicht einmal angedachte Konstellationen geben, die auf eine Lösung warten. Ansatzpunkte hierfür gibt es zahlreiche.

Durch die sich auf europäischer Ebene abzeichnenden Versuche, erneut einen Anlauf für die Verabschiedung einer Übernahme-Richtlinie zu unternehmen, wird § 12 und den sich aus dieser Vorschrift ergebenden Haftungsfragen auch in Zukunft Aufmerksamkeit gewiss sein.

X. Literaturverzeichnis

Altmeppen Anmerkung zu LG Frankfurt vom 6.10.1992 (AZ: 3/11 O 173/91), DB 1993, 84 ff.

Apt Kommentar zum Börsengesetz, 5. Aufl. 1909.

Arndt Steuerliches Diskriminierungsverbot und nichtharmonisierte Umsatzsteuer – zur Beschränkung des steuerliches Erfindungsrechts der Mitgliedstaaten durch EG-Gemeinschaftsrecht, DStR 1989, 471 ff.

Assmann/Schütze Handbuch des Kapitalanlagerechts, 2. Aufl. 1997.

Assmann Prospekthaftung als Haftung für die Verletzung kapitalmarktbezogener Informationsverkehrspflichten nach deutschem und US-amerikani-schem Recht, 1985.

Assmann, u.a. Übernahmeangebote, ZGR-Sonderheft 9, 1990.

Assmann Verhaltensregeln für freiwillige öffentliche Übernahmeangebote, AG 1995, 563 ff.

Assmann Die Haftung für die Richtigkeit und Vollständigkeit der Angebotsunterlage nach § 12 WpÜG, AG 2002, 153 ff.

Assmann Der Inhalt des Schadensersatzanspruchs fehlerhaft informierter Kapitalanleger, in: FS Lange, S. 345 ff.

Assmann Übernahmeangebote im Gefüge des Kapitalmarktrechts, insbesondere im Lichte des Insiderrechts, der Ad-hoc-Publizität und des Manipulationsverbots, ZGR 2002, 697 ff.

Assmann Entwicklungslinien und Entwicklungsperspektiven der Prospekthaftung, in: FS Kübler, S. 317 ff.

Baum Rückerwerbsangebote für eigene Aktien: übernahmerechtlicher Handlungsbedarf ?, ZHR 2003, 580 ff.

Baums Der Ausschluß von Minderheitsaktionären nach §§ 327a ff. AktG n.F., WM 2001, 1843 ff.

Baums Rückerwerb eigener Aktien und WpÜG, in: FS Wiedemann, S. 703 ff.

Becker Verhaltenspflichten des Vorstand der Zielgesellschaft bei feindlichen Übernahmen, ZHR (165) 2001, 280 ff.

Beckschulze Die Durchsetzbarkeit des Teilzeitanspruchs in der betrieblichen Praxis, DB 2000, 2598 ff.

Behnke Das WpÜG im Praxistest, BKR 2003, 43 ff.

Berrar Rückerwerb eigener Aktien und Übernahmerecht, ZGR 2003, 59 ff.

Bötticher Gestaltungsrecht und Unterwerfung im Privatrecht, 1964.

Bosch Expertenhaftung gegenüber Dritten – Überlegungen aus der Sicht der Praxis, ZHR 163 (1999), 274 ff.

Brauns EG-Verträglichkeit von Autobahngebühren, RIW 1991, 224 ff.

Brondics Die Verletzung von Informationspflichten im amtlichen Markt nach der Reform des Börsengesetzes, AG 1989, 339 ff.

Burgard Kapitalmarktrechtliche Lehren aus der Übernahme Vodafone-Mannesmann, WM 2000, 611 ff.

Busch Bedingungen in Übernahmeangeboten, AG 2002, 145 ff.

Bydlinski Probleme des Vertragsschlusses ohne Annahmeerklärung, JuS 1988, 36 ff.

Canaris Die Reichweite der Expertenhaftung gegenüber Dritten, ZHR 163 (1999), 206 ff.

Canaris Bankvertragsrecht, 2. Aufl. 1981.

Canaris Die Vertrauenshaftung im deutschen Privatrecht, 1971.

Coing Haftung aus Prospektwerbung für Kapitalanlagen in der neueren Rechtsprechung des Bundesgerichtshofs, WM 1980, 206 ff.

Däubler Das neue Teilzeit- und Befristungsgesetz, ZIP 2001, 217 ff.

Daum Die Kompetenzen des Vorstands einer Aktiengesellschaft bei der Durchführung und Abwehr unkoordinierter Übernahmen, DB 1991, 1105 ff. (Teil I), 1157 (Teil II).

de Meo Bankenkonsortium, 1994.

Demisch Unternehmensführung bei feindlichen Übernahmeangeboten, DB 2001, 849 ff.

Diemer Öffentliches Übernahmeangebote in Italien, NZG 2000, 824 ff.

Drygala Die Vorschläge der SLIM-Arbeitsgruppe zur Vereinfachung des Europäischen Gesellschaftsrechts, AG 2001, 291 ff.

Drygala Die neue deutsche Übernahmeskepsis und ihre Auswirkungen auf § 33 WpÜG, ZIP 2001, 1861 ff.

Dübbers Abschaffung von Rabattgesetz und Zugabeverordnung, ZRP 2001, 207 ff.

Ebenroth Die Kompetenzen des Vorstands einer Aktiengesellschaft bei der Durchführung und Abwehr unkoordinierter Übernahmen, DB 1991, 1105 ff. (Teil I), 1157 ff. (Teil II).

Ehricke Funktionsdefizite des Übernahmekodex der Börsensachverständigenkommission, AG 1998, 105 ff.

Ehricke Vorwirkungen von EU-Richtlinien auf nationale Gesetzgebungsvorhaben, ZIP 2001, 1311 ff.

Ehricke, u.a. Kommentar zum Wertpapiererwerbs- und Übernahmegesetz, 2003.

Ellenberger Die Börsenprospekthaftung nach dem Dritten Finanzmarktförderungsgesetz, in: FS Schimansky, S. 591 ff.

Erman Zur Prospekthaftung nach § 45 Börsen-Gesetz, AG 1964, 327 ff.

Erman Bürgerliches Recht, Handkommentar mit Nebengesetzes, 10. Aufl. 2000.

Fikentscher Lehrbuch des Schuldrechts, 9. Aufl. 1997.

Flechtheim Eine wichtige kartellrechtliche Entscheidung, JW 1916, 937 ff.

Fleischer Zum Begriff des öffentlichen Angebots im Wertpapiererwerbs- und Übernahmegesetz, ZIP 2001, 1653 ff.

Frohne Prospektpflicht und Prospekthaftung in Deutschland, Frankreich und den USA, 1974.

Gall Ein Jahr Übernahmegesetz – Die ersten Entscheidungen, Wirtschaftsrechtliche Blätter 2000, 1 ff.

Gaul Änderungen des Bundeserziehungsgeldgesetzes, BB 2000, 2466 ff.

Gehrlein Die Prospektverantwortlichkeit von Beirats- oder Aufsichtsratsmitgliedern als maßgeblichen Hintermännern, BB 1995, 38 ff.

Geibel/Süßmann WpÜG-Kommentar, 2002.

Goedecke NaStraG: Erster Schritt zur Öffnung des Aktienrechts für moderne Kommunikationstechniken, BB 2001, 369 ff.

Gotthard Neuregelung der Teilzeitarbeit und befristeten Arbeitsverhältnisse, DB 2000, 2065 ff.

Gotthard Das Teilzeit- und Befristungsgesetz, DB 2001, 145 ff.

Grabitz Stillhalte-Verpflichtungen vor dem Binnenmarkt, 1988.

Groß Die börsengesetzliche Prospekthaftung, AG 1999, 199 ff.

Groß Kapitalmarktrecht: Kommentar zum Börsengesetz, zur Börsenprospektverordnung und zur Verkaufsprospektverordnung, 2000.

Grundmann Börsenprospekthaftung in der Reform – Rechtsvergleichung, Europarecht, Interessenbewertung mit ökonomischer Analyse, WM 1996, 985 ff.

Grumann Namensaktien und Hauptversammlung – Die Änderungen des Aktiengesetzes durch das NaStraG im Zusammenhang mit der Vorbereitung und Durchführung von Hauptversammlungen, DB 2001, 576 ff.

Grunewald Europäisierung des Übernahmerechts, AG 2001, 288 ff.

Haarmann, u.a. Öffentliche Übernahmeangebote, 2002.

Habersack Der neue Vorschlag 1997 einer Takeover-Richtlinie - Überlegungen zur Umsetzung in das nationale Recht, ZIP 1997, 2141 ff.

Hahn Übernahmerecht und Internationales Privatrecht, RIW 2002, 741 ff.

Halm „Squeeze-Out" heute und morgen: Eine Bestandsaufnahme nach dem künftigen Übernahmerecht, NZG 2000, 1162 ff.

Hamann Die Angebotsunterlage nach dem WpÜG – ein praxisorientierter Überblick, ZIP 2001, 2249 ff.

Hasselbach Das neue deutsche Übernahmegesetz, DB 2000, 1747 ff.

Hasselbach Öffentliches Übernahmeangebote in Italien, NZG 2000, 824 ff.

Hasselbach Ausschluss von Minderheitsaktionären (Squeeze-out) nach ausländischem Recht, NZG 2001, 926 ff.

Hauschka Übernahmeangebote und deren Abwehr im deutschen Recht, AG 1988, 181 ff.

Hegel Die Prospekthaftung bei der Publikums- KG, ZIP 1985, 1370 ff.

Heider Börsengang, Prospekthaftung und Einlagenrückgewähr nach § 57 AktG, in: FS Sigle, S. 251 ff.

Heil Abschaffung von Rabattgesetz und Zugabeverordnung, ZRP 2001, 207 ff.

Heuser NaStraG: Erster Schritt zur Öffnung des Aktienrechts für moderne Kommunikationstechniken, BB 2001, 369 ff.

Hirte Kölner Kommentar zum WpÜG, 2002.

Hoffmann-Becking Neue Formen der Aktienemission, in: FS Lieberknecht, S. 25 ff.

Hommelhoff Takeover-Richtlinie und europäisches Konzernrecht, AG 1990, 106 ff.

Hopt Die Verantwortlichkeit der Banken bei Emissionen, 1991.

Hopt Risikokapital, Nebenbörsen und Anlegerschutz, WM 1985, 793 ff.

Hopt Europäisches Übernahmerecht, EuZW 1997, 481 ff.

Hopt Europäisches und deutsches Übernahmerecht, ZHR 161 (1997), 429 ff.

Hopt Verhaltenspflichten des Vorstands der Zielgesellschaft bei feindlichen Übernahmen – zur aktien- und übernahmerechtlichen Rechtslage in Deutschland und Europa –, in: FS Lutter, S. 1361 ff.

Hopt Das Dritte Finanzmarktförderungsgesetz – Börsen- und kapitalmarktrechtliche Überlegungen, in: FS Drobnig, S. 525 ff.

Horn Culpa in contrahendo, JuS 1995, 377 ff.

Huber Haftung für Angebotsunterlagen nach dem Wertpapiererwerbs- und Übernahmegesetz, 2002.

Ihrig Rechtsschutz Drittbetroffener im Übernahmerecht, ZHR 167 (2003), 315 ff.

Immenga, u.a. GWB-Kommentar zum Kartellgesetz, 3. Aufl. 2001.

Jauernig, u.a. Kommentar zum BGB, 9. Aufl. 1999.

Kalgin Anmerkung zu BGH vom 22.3.1982, DB 1982, 1161 ff.

Kallmeyer Die Mängel des Übernahmekodex der Börsensachverständigenkommission, ZHR 161 (1997), 435 ff.

Kallmeyer Ausschluß von Minderheitsaktionären, AG 2000, 59 ff.

Kamlah Strukturierte Anleihen, WM 1998, 1429 ff.

Keusch Die Haftung der Aktiengesellschaft für fehlerhafte Kapitalmarktinformationen im Spannungsfeld zum Gebot der Kapitalerhaltung, BKR 2003, 744 ff.

Kirchner Funktionsdefizite des Übernahmekodex der Börsensachverständigenkommission, AG 1998, 105 ff.

Klein Objektive Wirkungen von Richtlinien, FS Everling, S. 641 ff.

Kleindieck Takeover-Richtlinie und europäisches Konzernrecht, AG 1990, 106 ff.

Kleinsorge Ein Überblick über das Gesetz über Teilzeitarbeit und befristete Arbeitsverträge, MDR 2001, 218 ff.

Kliemt Der neue Teilzeitanspruch, NZA 2001, 63 ff.

Knauth Kapitalanlagebetrug und Börsendelikte im zweiten Gesetz zur Bekämpfung der Wirtschaftskriminalität, NJW 1987, 28 ff.

Koch Der Erwerb eigener Aktien – kein Fall des WpÜG, NZG 2003, 61 ff.

Köndgen Zur Theorie der Prospekthaftung, AG 1983, 85 ff. (Teil I), 120 ff. (Teil II).

Körner Die Neuregelung der Übernahmekontrolle nach deutschem und europäischen Recht – insbesondere zur Neutralitätspflicht des Vorstands, DB 2001, 367 ff.

Kossmann Anschluß („Freeze-out") von Aktionären gegen Barabfindung, NZG 1999, 1198 ff.

Kort Neuere Entwicklungen im Recht der Börsenprospekthaftung (§§ 45 ff. BörsG) und der Unternehmensberichtshaftung (§ 77 BörsG), AG 1999, 9 ff.

Krause Der revidierte Vorschlag einer Takeover-Richtlnie (1996), AG 1996, 209 ff.

Krause	Zur „Pool- und Frontenbildung“ im Übernahmekampf und zur Organzuständigkeit für Abwehrmaßnahmen gegen feindliche Übernahmeangebote, AG 2000, 217 ff.
Krause	Prophylaxe gegen feindliche Übernahmeangebote, AG 2002, 133 ff.
Krause	BB-Europareport: Die EU-Übernahmerichtlinie – Anpassungsbedarf im Wertpapiererwerbs- und Übernahmegesetz, BB 2004, 113 ff.
Krieger	Squeeze-out nach neuem Recht: Überblick und Zweifelsfragen, BB 2002, 53 ff.
Kübler	Transparent am Kapitalmarkt, AG 1977, 85 ff.
Kübler	Gesellschaftsrecht, 5. Aufl. 1988.
Kümpel	Bank- und Kapitalmarktrecht, 1996.
Lakies	Das Teilzeit- und Befristungsgesetz, DZWir 2001, 1 ff.
Land	Das neue deutsche Übernahmegesetz, DB 2000, 1747 ff.
Larenz/Wolf	Allgemeiner Teil des Bürgerlichen Rechts, 8. Aufl. 1997.
Larenz	Schudrecht – Allgemeiner Teil, Band 1, 14. Aufl. 1987.
Leible	Staatshaftung wegen verspäteter Umsetzung der EG-Pauschalreise-Richtlinie, ZIP 1996, 1931 ff.
Lehmann	Die zivilrechtliche Haftung der Banken für informative Angaben im deutschen und europäischen Recht, WM 1985, 181 ff.
Lenz	Das WpÜG im Praxistest, BKR 2003, 43 ff.
Lenz	Rückkauf eigener Aktien nach dem WpÜG, AG 2002, 420 ff.
Lessmann	Der Anspruch auf Verringerung der Arbeitszeit im neuen Bundeserziehungsgeldgesetz, DB 2001, 94 ff.
Liebscher	Das Übernahmeverfahren nach dem neuen Übernahmegesetz (Übernahmerechtliche Grenzen der Gestaltungsfreiheit im Hinblick auf die Übernahmestrategien des Bieters), ZIP 2001, 853 ff.
Liesegang	Anmerkung zu BGH, NJW 1982, 1514.
Lindemann	Neue Regelungen zur Teilzeitarbeit, BB 2001, 146 ff.

Linke Rückkauf eigener Aktien nach dem WpÜG, AG 2002, 420 ff.

Lutter (Hrsg.) Handbuch der Konzernfinanzierung, 1998.

Lutter Kommentar zum Umwandlungsgesetz, 1996.

Maier-Reimer Verhaltenspflichten des Vorstand der Zielgesellschaft bei feindlichen Übernahmen, ZHR 165 (2001), 258 ff.

Mark Die Verletzung von Informationspflichten im amtlichen Markt nach der Reform des Börsengesetzes, AG 1989, 339 ff.

Mayer Der neue Vorschlag 1997 einer Takeover-Richtlinie – Überlegungen zur Umsetzung in das nationale Recht, ZIP 1997, 2141 ff.

Merkt Verhaltenspflichten des Vorstands der Zielgesellschaft bei feindlichen Übernahmen, ZHR (2001), 224 ff.

Meyer Rabatt- und Zugabe-Regulierung auf dem Prüfstand, GRUR 2001, 98 ff.

Michalski Abwehrmechanismen gegen unfreundliche Übernahmeangebote („unfriendly takeovers“) nach deutschem Aktienrecht, AG 1997, 152 ff.

Mittag Die Haftung des Jahresabschlussprüfers gegenüber Kreditinstituten, WM 1996, 325 ff.

Möller Das neue Übernahmerecht – Der Regierungsentwurf vom 11. Juli 2001, ZIP 2001, 1256 ff.

Möller Rechtsmittel und Sanktionen nach dem WpÜG, AG 2002, 170 ff.

Möllers Verfahren, Pflichten und Haftung, insbesondere der Banken bei Übernahmeangeboten, ZGR 2002, 664 ff.

Morgen Die differenzierte Rechtsprechung des Bundesgerichtshofs zur Verjährung von Prospekthaftungsansprüchen: Eine „halbherzige“ Lösung, NJW 1987, 474 ff

Mülbert Übernahmerecht zwischen Kapitalmarkt und Aktien(konzern)-recht – die konzeptionelle Schwachstelle des Reg WpÜG, ZIP 2001, 1221 ff.

Münchner Kommentar zum Aktiengesetz, 2. Aufl. 2003.

Neye Der neue Vorschlag der Kommission für eine 13. Richtlinie über Übernahmeangebote, DB 1996, 1121 ff.

Neye Der Vorschlag 1997 einer Takeover-Richtlinie, ZIP 1997, 2172 ff.

Neye Der gemeinsame Standpunkt des Rates zur 13. Richtlinie – ein entscheidender Schritt auf dem Weg zu einem europäischen Übernahmerecht, AG 2000, 289 ff.

Neye Die EU-Übernahmerichtlinie auf der Zielgeraden, ZIP 2001, 1120 ff.

Nicklisch Bindung an das Angebot bei Verstößen gegen das Baupreisrecht ?, BB 1973, 53 ff.

Noack Stimmrechtsverletzung in der Hauptversammlung nach dem NaStraG, ZIP 2001, 57 ff.

Noack Namensaktie und Aktienregister: Einsatz für Investor Relations und Produktmarketing, DB 2001, 27 ff.

Nussbaum Kommentar zum Börsengesetz, 1. Auflage 1908.

Oechsler Der Regierungsentwurf zum Wertpapiererwerbs- und Übernahmegesetz – Regelungsbedarf auf der Zielgeraden !, NZG 2001, 817 ff.

Oechsler Rechtsgeschäftliche Anwendungsprobleme bei öffentlichen Übernahmeangeboten, ZIP 2003, 1330 ff.

Otto Strafrechtliche Aspekte der Anlageberatung, WM 1988, 729 ff.

Otto Die Haftung des Jahresabschlussprüfers gegenüber Kreditinstituten, WM 1996, 325 ff.

Palandt Bürgerliches Gesetzbuch und EG-BGB, 60. Aufl. 2001.

Pfeiffer Können Rechte aus einer Vertragsanbahnung übertragen werden?, LZ 1912, 374 ff.

Peltzer, Von Räubern, weißen Rittern und Jungfrauen – die Taktiken des takeovers, ZfgK 1986, 291 ff.

Peltzer Der Kommissionsentwurf für eine 13. Richtlinie über Übernahmeangebote vom 7.2.1996, AG 1997, 145 ff.

Peters-Lange Reformbedarf und Reformgesetzgebung im Mutterschutz- und Erziehungsgeldrecht, NZA 2000, 682 ff.

Pleyer Die Prospekthaftung bei der Publikums- KG, ZIP 1985, 1370 ff.

Pluskat Das Scheitern der europäischen Übernahmerichtlinie, WM 2001, 1937 ff.

Pötzsch Das neue Übernahmerecht – Der Regierungsentwurf vom 11. Juli 2001, ZIP 2001, 1256 ff.

Potthoff Der Neue Markt: Ein Handelssegment für innovative und wachstumsorientierte Unternehmen – kapitalmarktrechtliche Überlegungen und Darstellung des Regelwerks, WM 1997, Beil. 3, 1 ff.

Preis Neuregelung der Teilzeitarbeit und befristeten Arbeitsverhältnisse, DB 2000, 2065 ff.

Preis Das Teilzeit- und Befristungsgesetz, DB 2001, 145 ff.

Rebmann u.a. Münchner Kommentar zum Bürgerlichen Gesetzbuch, 3. Auf. 1992 ff., 4. Aufl. 2001 ff..

Richard Der Weg zurück: Going Private, BB 1999, 1613 ff.

Riedel EG-Verträglichkeit von Autobahngebühren, RIW 1991, 224 ff.

Rolfs Reformbedarf und Reformgesetzgebung im Mutterschutz- und Erziehungsgeldrecht, NZA 2000, 682 ff.

Roos Der neue Vorschlag für eine EG-Übernahmerichtlinie, WM 1996, 2177 ff.

Roth Übernahmeangebote und deren Abwehr im deutschen Recht, AG 1988, 181 ff.

Rottnauer Urteilsanmerkung NZG 1999, 1058 ff.

Rühland Die Abfindung von aus der Aktiengesellschaft ausgeschlossenen Minderheitsaktionären, WM 2000, 1884 ff.

Schäfer Grundzüge des neuen Börsenrechts, ZIP 1987, 953 ff.

Schäfer (Hrsg.) Wertpapierhandelsgesetz, Börsengesetz, Verkaufsprospektgesetz, 1999.

Scheffler (Hrsg.) Handbuch der Konzernfinanzierung, 1998.

Schiefer Entwurf eines Gesetzes über Teilzeitarbeit und befristete Arbeitsverhältnisse und zur Aufhebung und zur Änderung arbeitsrechtlicher Bestimmungen, DB 2000, 2118 ff.

Schiessl Ist das deutsche Aktienrecht kapitalmarkttauglich ?, AG 1999, 451 ff.

Schlitt Die neuen Marktsegmente der Frankfurter Wertpapierbörse, AG 2003, 57 ff.

Schlosser Stellenausschreibung auch als Teilzeitarbeitsplatz – ein Gebot ohne Sanktion, BB 2001, 411 ff.

Schmid Öffentliche Übernahmeangebote in Italien, AG 1999, 402 ff.

Schneider Reichweite der Expertenhaftung gegenüber Dritten, ZHR 163 (1999), 246 ff.

Schneider (Hrsg.) Handbuch der Konzernfinanzierung, 1998.

Schnorbus Rückerwerb eigener Aktien und Übernahmerecht, ZGR 2003, 59 ff.

Schwark Das neue Kapitalmarktrecht, NJW 1987, 2041 ff.

Schwark Börsengesetz, 2. Aufl. 1994.

Schwark Prospekthaftung und Kapitalerhaltung in der AG, in: FS Raisch, S. 269 ff.

Selbherr Börsenprospekthaftung in der Reform – Rechtsvergleichung, Europarecht, Interessenbewertung mit ökonomischer Analyse, WM 1996, 985 ff.

Sieger Ausschluß von Minderheitsaktionären (Squeeze-out) nach ausländischem Recht, NZG 2001, 926 ff.

Siller Anmerkung zu LG Frankfurt (BKR 2003, 69 ff.), EWiR 2003, 173 f.

Simon Neue Regelungen zur Teilzeitarbeit, BB 2001, 146 ff.

Singer Das Verbot widersprüchlichen Verhaltens, 1993.

Sittmann Die Prospekthaftung nach dem Dritten Finanzmarktförderungsgesetz, NZG 1998, 490 ff.

Soehlke Namensaktien und Hauptversammlung – Die Änderungen des Aktiengesetzes durch das NaStraG im Zusammenhang mit der Vorbereitung und Durchführung von Hauptversammlungen, DB 2001, 576 ff.

Soergel Bürgerliches Gesetzbuch mit Einführungsgesetz und Nebengesetzen, 13. Aufl. 2000.

Sowka Der Erziehungsurlaub nach neuem Recht - Rechtslage ab 1.1.2001, NZA 2000, 1185 ff.

Staudinger Kommentar zum Bürgerlichen Gesetzbuch, 12. Aufl. 1978 ff. und 13. Aufl. 1993 ff.

Steinmeyer/Häger Wertpapiererwerbs- und Übernahmegesetz, 2002.

Stöcker Rückerwerb eigener Aktien und WpÜG, in: FS Wiedemann, S. 703 ff.

Streinz Staatshaftung wegen verspäteter Umsetzung der EG-Pauschalreise-Richtlinie, ZIP 1996, 1931 ff.

Stuhlfauth Der Neue Markt: Ein Handelssegment für innovative und wachstumsorientierte Unternehmen – kapitalmarktrechtliche Überlegungen und Darstellung des Regelwerks WM 1997, Beil. 3, 1 ff.

Süßmann Die Anwendung des Wertpapierverkauf-Prospektgesetzes, WM 1993, 361 ff.

Süßmann Anwendung des WpÜG auf öffentliche Angebote zum Erwerb eigener Aktien ?, AG 2002, 424 ff.

Teske Strafbare Werbung beim Vertrieb von Kapitalanlagen, wistra 1987, 117 ff.

Thoma Der neue Übernahmekodex der Börsensachverständigenkommission, ZIP 1996, 1725 ff.

Ultsch „Bonus-Meilen“ für Kreditkartenumsätze – Verbotene Zugaben ?, WM 1999, 2535 ff.

Vetter Squeeze-out in Deutschland, ZIP 2000, 1817 ff.

Vetter Squeeze-out nur durch Hauptversammlungsbeschluß ?, DB 2001, 743 ff.

von Caemmerer Das Problem der überholenden Kausalität, 1962.

von Hein Grundfragen des europäischen Übernahmekollisionsrechts, AG 2001, 213 ff.

von Westphalen Zusammenhang zwischen der Prospekthaftung und der Haftung aus der individuellen Anlageberatung, BB 1994, 85 ff.

Vortmann (Hrsg.) Prospekthaftung und Anlageberatung, 2000.

Waldeck Die Anwendung des Wertpapierverkauf-Prospektgesetzes, WM 1993, 361 ff.

Wankerl Die Haftung der Aktiengesellschaft für fehlerhafte Kapitalmarktinformationen im Spannungsfeld zum Gebot der Kapitalerhaltung, BKR 2003, 744 ff.

Weber Der Geänderte Vorschlag der Kommission für eine Takeover-Richtlinie vom 20.11.1997, EuZW 1998, 464 ff.

Weiler Änderung des Übernahmekodex ab 1.1.1998: Das erweiterte Pflichtangebot, DB 1998, 117 ff.

Weinheimer Der Weg zurück: Going Private, BB 1999, 1613 ff.

Weisgerber Der Übernahmekodex in der Praxis, ZHR 161 (1997), 421 ff.

Weiß Zur Wirkung von Richtlinien vor Ablauf der Umsetzungsfrist, DVBl. 1998, 568 ff.

Wiese Unternehmensführung bei feindlichen Übernahmeangeboten, DB 2001, 849 ff.

Winner Ein Jahr Übernahmegesetz – Die ersten Entscheidungen, Wirtschaftsrechtliche Blätter 2000, 1 ff.

Winter Folgen der Nichtigerklärung durchgeführter Kapitalerhöhungsbeschlüsse, ZHR 158 (1994), 59 ff.

Wirth Änderung des Übernahmekodex ab 1.1.1998: Das erweiterte Pflichtangebot, DB 1998, 117 ff.

Wisskirchen Änderung des Bundeserziehungsgeldgesetzes, BB 2000, 2466 ff.

Witte Diskussionsentwurf zur Regelung von Unternehmensübernahmen: Abwehrmöglichkeiten des Vorstands der Zielgesellschaft, BB 2000, 2161 ff.

Wittkowski Der „MP-Travelline“-Konkurs im Lichte der „Francovich-Rechtsprechung“ des EuGH

Worms § 264a StGB – ein wirksames Remedium gegen den Anlageschwindel, wistra 1987, 271 ff.

Zahn Aktienanleger und Börse, ZGR 1981, 101 ff.

Zöllner Folgen der Nichtigerklärung durchgeführter Kapitalerhöhungsbeschlüsse, ZHR 158 (1994), 59 ff.

Zschocke/Schuster Bad Homburger Handbuch zum Übernahmerecht, 2003.

Peter Lang · Europäischer Verlag der Wissenschaften

Holger Pittroff

Die Zurechnung von Stimmrechten gemäß § 30 WpÜG

Frankfurt am Main, Berlin, Bern, Bruxelles, New York, Oxford, Wien, 2004. 400 S.
Schriftenreihe zum Gesellschafts- und Kapitalmarktrecht.
Herausgegeben von Lutz Michalski, Axel Jäger und Klaus-Rudolf Wagner. Bd. 7
ISBN 3-631-51417-4 · br. € 56.50*

Durch das Wertpapiererwerbs- und Übernahmegesetz (WpÜG) wurde zum 01.01.2002 erstmals in Deutschland eine verbindliche Regelung für öffentliche Angebote zum Erwerb von Wertpapieren eingeführt. Im Rahmen dieser Regelung nimmt die 30-prozentige Kontrollschwelle des § 29 Abs. 2 WpÜG eine wichtige Stellung ein. In die Berechnung dieser Kontrollschwelle gehen neben Stimmrechten aus Aktien, die dem Bieter selbst gehören, in besonderen Fällen auch Stimmrechte aus Aktien ein, die von einem Dritten gehalten werden. Voraussetzung für die Zurechnung dieser Stimmrechte ist, dass der Bieter die Möglichkeit hat, auf die Stimmrechtausübung des Dritten Einfluss zu nehmen. § 30 WpÜG beinhaltet sieben unterschiedliche Zurechnungstatbestände. Ziel dieser Arbeit ist es, die rechtlichen Voraussetzungen, Anwendungsprobleme und Auswirkungen der einzelnen Zurechnungstatbestände zu untersuchen.

Aus dem Inhalt: Übernahmerecht in Deutschland und Europa · Der Begriff der Kontrolle gemäß § 29 Abs. 2 WpÜG · Die Bedeutung und Auslegung des § 30 WpÜG · Die einzelnen Zurechnungstatbestände des § 30 WpÜG · Sonstige Probleme im Zusammenhang mit Stimmrechtszurechnungen · Die Zurechnung von Stimmrechten gemäß § 22 WpHG

Frankfurt am Main · Berlin · Bern · Bruxelles · New York · Oxford · Wien
Auslieferung: Verlag Peter Lang AG
Moosstr. 1, CH-2542 Pieterlen
Telefax 00 41 (0) 32 / 376 17 27

*inklusive der in Deutschland gültigen Mehrwertsteuer
Preisänderungen vorbehalten

Homepage http://www.peterlang.de

FSC
www.fsc.org
MIX
Papier | Fördert gute Waldnutzung
FSC® C083411

Kolibri 360 GmbH
Ferdinand-Jühlke-Straße 7
99095 Erfurt, Deutschland
produktsicherheit@kolibri360.de

Druck:
CPI Druckdienstleistungen GmbH
im Auftrag der
Kolibri 360 GmbH
Ferdinand-Jühlke-Str. 7
99095 Erfurt